허영환의

중국문화유산기행

IV

중국 문화유산 기행 · IV (항주 · 소주 · 양주 편)

값 12,000원

초판 인쇄 / 2002년 2월 15일
초판 발행 / 2002년 2월 25일

지은이 / 허영환
펴낸이 / 최석로
펴낸곳 / 서문당
주소 / 서울시 마포구 성산동 54-18호
전화 / 322-4916~8
팩스 / 322-9154
창업일자 / 1968. 12. 24
등록일자 / 2001. 1. 10
등록번호 / 제10-2093

ISBN 89-7243-178-8 03920

2002년

허영환의

중국 문화유산기행

Ⅳ 항주 · 소주 · 양주 편

머 리 말

필자는 지난 해 여름(2001년 7월)「허영환의 중국문화유산기행」
(전 3권, 제 1권 화북지방편, 제 2권 화중지방편, 제 3권 동북 · 화남
지방편)을 출간한 바 있다. 3년여 동안 160여곳의 박물관 미술관 능
원 기념관 등 중국각지에 있는 문화유산을 직접 찾아가 보고 발로
쓴 답사기였다.

국토가 넓고(한국의 44배) 인구가 많고(한국의 18배) 역사가 긴
(130만년) 중국에는 엄청난 문화유산이 많아서 필자 같은 중국전문
가도 현지를 찾아가 보면 놀랄 때가 너무나 많다. 40여년동안 중국
중국어 중국역사 중국미술을 배우고 가르친 필자로서는 대학 교수
직을 정년퇴임하면서 소수의 학생이 아닌 다수의 일반인들을 위하
여 수준 높은 중국문화에 대한 안내서를 쓰고 싶었다. 그래서 3권의
책을 냈는데도 아쉬움은 남았다.

그 아쉬움 가운데 하나가 제 4권인 항주 · 소주 · 양주편 즉 예향
3주(藝鄕3州, 杭州 · 蘇州 · 揚州)의 문화유산기행이었다. 이 세 도
시는 지금도 중국예술의 고향(藝術故鄕)이며 아름다운 원림도시(園

林都市)여서 국내외의 관광객이 사철 찾아오고 있다. 중국속담에 「하늘에는 천당이 있고, 하늘 아래에는 소항이 있다.(天上有天堂, 天下有蘇杭)는 말이 있듯이 이 세 곳은 옛날부터 경치가 아름답고 문화유산이 많기로 유명한 곳이다. 특히 우리의 정원보다는 훨씬 큰 원림(Garden)은 규모와 시설 및 역사에서 단연 뛰어난 문화유산이라 하겠다. 원림에는 대체로 5종류(황가원림·단묘원림·사관원림·사가원림·능원)가 있는데 예향3주에는 지금도 큰 원림이 30여곳이나 있어서 (19세기중엽까지는 2백 여곳이 있었다.)볼만 하다. 예향 3주의 여행코스는 인천공항에서 상해공항(上海機場)이나 남경공항(南京機場)으로 간 후 항주·소주·양주 순으로 하거나, 양주·소주·항주 순으로 할 수 있다. 귀국은 상해나 남경에서 한국행 비행기를 타면 된다. 남경과 상해의 문화유산은 제 2권 화중지방편에서 19곳을 소개하였으니까 참고하면 될 것이다.

강절(江浙)지방(강소성과 절강성, 옛날 오나라 땅)에 있는 이 세 명승지는 서로 3,4백㎞ 이내의 거리에 있어 교통도 편리하다. 여러 차례 이곳을 가본 필자는 30여권의 책을 참고하면서 쉽고 재미있게 썼다. 중국어 참고문헌은 다음과 같다.

참고문헌

1. 劉敦楨, 中國古代建築史, 台北, 明文書局, 1983
2. 江蘇旅遊指南, 淮陰, 江蘇人民出版社, 1983
3. 李斗, 揚州畵舫錄(1795), 揚州, 江蘇廣陵古籍刻印社, 1984
4. 揚州畵派, 台北, 藝術圖書公司, 1985
5. 黃長美, 中國庭園與文人思想, 台北, 明文書局, 1985
6. 中國博物館志, 北京, 華夏出版社, 1995

7. 淸代揚州畵派硏究集 1-10, 揚州, 1996
8. 揚州博物館, 香港, 新聯美術, 1998
9. 滬寧杭旅遊, 成都, 成都地圖出版社, 1998
10. 中國古典園林, 北京, 中國科學技術出版社, 1999
11. 趙永芬, 中國博物館旅遊指南, 北京, 中國旅遊出版社, 1999
12. 葛曉音, 中國名勝與歷史文化, 北京, 北京大學出版社, 1999
13. 揚州, 北京, 中國旅遊出版社, 1999
14. 陳洁行, 杭州, 杭州出版社, 1999
15. 吳宇江, 中國名園導遊指南, 中國建築工業出版社, 1999
16. 中國世界遺産, 北京, 旅遊敎育出版社, 2000
17. 崔進, 旅遊文化縱覽, 北京, 中國旅遊出版社, 2000
18. 蘇州, 北京, 中華書局, 2000
19. 杭州, 北京, 新華書店, 2000
20. 朱紅, 尋找蘇州, 廣東旅遊出版社, 2000
21. 徐文濤, 蘇州古橋, 上海文化出版社, 2001
22. 洪尙之, 西湖寺觀, 浙江攝影出版社, 2000
23. 上海·江蘇·浙江, 陝西旅遊出版社, 2000
24. 江蘇省旅遊局, 走遍江蘇, 中國林業出版社, 2000
25. 景迪雲, 江南名人故居, 浙江攝影出版社, 2001
26. 曹明綱, 中國園林文化, 上海古籍出版社, 2001
27. 王稼句, 蘇州, 上海畵報出版社, 2001
28. 吳仙松, 西湖博覽, 杭州出版社, 2001

이 제 4권은 지난해 낸 제 1·2·3권과는 달리 한자와 중국발음을 ( )안에 넣었고, 찾아가는 방법을 구체적으로 밝혔다.

이 제 4권 항주·소주·양주 편을 내는데도 서문당 최석로 사장과 편집부의 도움이 컸다. 감사를 드린다. 이번에 PC작업을 해 준 제자 승재희(성신여대 대학원 미술사학과)양에게도 감사한다.

2002년 2월 12일
상백 허영환

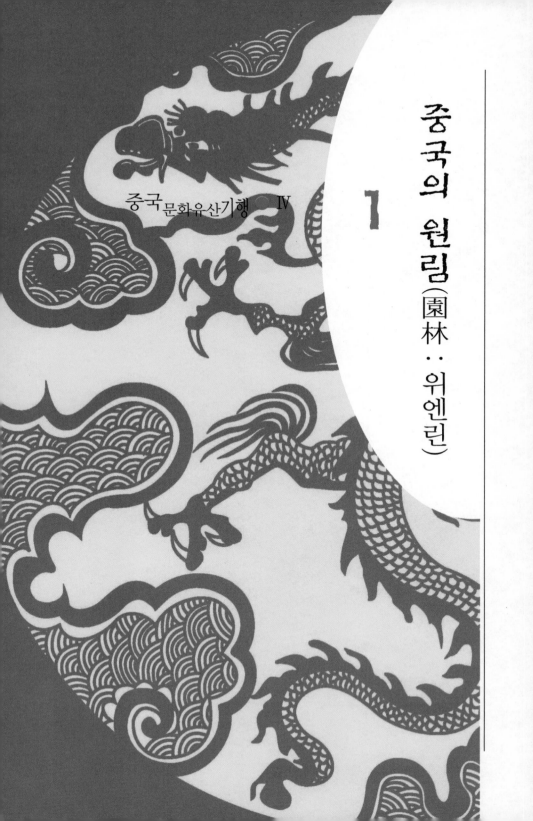

중국문화유산기행 IV

중국의 원림(園林··위엔린)

1

1
원림의 연원 · 변화 · 목적

독일의 역사철학자 스펭글라(1880-1936)는 그의 저서 「서양의 몰락」에서 다음과 같이 말한바 있다.

중국처럼 풍경을 건축의 실제적인 요소로 담은 나라는 지금까지 없었다. 또 중국의 묘우(廟宇)는 독립된 건축물일뿐만 아니라 풍경을 위한 배치이며, 전체 설계 가운데에서 산 · 물 · 나무 · 꽃 · 돌 · 대문 · 담장 · 다리 · 집 등과 잘 어울리도록 하였다. 중국문화는 정원을 종교예술문화가 되도록 하였으며, 이 정원(원림)을 통하여 중국의 가옥과 궁전건축을 이해하도록 하였다.

이 말은 중국인은 정원으로서 정조(情操)를 배양하고, 미학(美學)적인 가치를 표현하며, 우주관과 인생관을 포함시킨다는 뜻이라 하

북경의 북해공원(황가원림) : 북경 중심지에 있는 북해공원은 대표적인 황가원림인데 유네스코가 지정한 세계문화유산이기도 하다. 가장 높은 곳에 있는 라마교의 백탑이 더욱 웅장하고 아름다워 보인다.

겠다.

중국에서 조원(造園)의 역사는 3황5제때부터라 하나 문헌기록으로는 주(周, 기원전 1134-기원전 221)문왕 때부터라 한다. 초기의 원림에는 과목(果木)과 채소 등을 심고 금수(禽獸 · 날짐승과 길짐승)를 길렀는데 제왕의 교화(敎化)와 심신(心身)단련에 목적이 있었다.

후대에 내려올수록 제왕뿐 아니라 제후들도 유원(囿園)을 만들게 되었고, 한(漢, 기원전 206-기원후 220)나라 때부터는 돈과 권세가 있는 개인들도 만들기 시작하였는데 여기에는 자연과 조화를 이루고 자연에 귀의하려는 노장사상이 많은 영향을 끼쳤다. 이 때의 궁원(宮苑 · 皇家園林)으로는 미앙궁 · 사현원 · 상림원 · 동원 · 감천원(未央宮 · 思賢苑 · 上林苑 · 東苑 · 甘泉園)등이 유명하였고, 사원(私園 · 私家園林)으로는 무릉원(茂陵園)이 유명하였다. 그리고 시대를 거듭할수록 원림의 규모는 커지고 화려해졌다.

위진남북조시대(220-581)는 정치사회의 혼란 · 귀족의 비대 · 문인의 피난 · 불교와 도교의 흥성 · 산림문학의 발달 등으로 각종 원림이 수 없이 생겨났다. 귀족이나 문인들도 한결같이 승려나 도사들처럼 산과 들에서 머물면서 살려고 했다. 물론 수심양성(修心養性)이 목적이었다. 산거야처(山居野處)가 쉽지 않은 경우에는 도시 안에 자연을 상징하는 원림을 만들고서 자기의 미감과 인격을 표현하고 성정(性情)을 기탁하였다.

수당(隋唐,581-907)시대에는 이궁원유(離宮苑囿)의 규모는 더욱 커졌고 중국정원의 기본형식이 완성되었다. 여기에는 조원기술과

북경의 이화원(황가원림) : 북경 서북쪽 교외에 있는 이화원은 대표적인 황가원
림인데 역시 유네스코가 지정한 세계문화유산이다. 앞쪽의 건물은 배운전이고 호
수는 곤명호이다.

북경의 사직단 고송(古松) : 북경의 중심지에 있는 고
궁박물원(자금성)의 앞에는 동쪽에 종묘, 서쪽에 사직단
이 있다. 이 사직단(중산공원)에는 수 백년씩 된 소나무
와 잣나무가 많다.

산림문학이 큰 역할을 하였다. 이 때의 사원(私園)으로 유명한 것은
시인 왕유(王維)의 망천화원(輞川花園)과 백거이(白居易)의 여산초
당(廬山草堂)등이었다. 특히 망천도(輞川圖)는 일종의 정원설계도이
기도 하여 귀중한 사료가 되고 있고, 여산초당은 문인의 이상적인
생활의 전형(典型)이 되고 있다. 백거이가 쓴 초당기(草堂記)는 아름
다운 초당의 모습을 찬탄한 명문장이기도 하다.

송(宋, 960-1279)나라 때 이격비(李格非)가 쓴 낙양명원기(洛陽名園記)에는 20여개의 크고 좋은 원림이 소개되어 있다. 송조(宋朝)가 양자강 남쪽의 임안(臨按, 지금의 杭州)으로 천도한 후부터는 강남 일대에 원림을 만드는 것이 크게 유행하게 되었다. 즉 금릉(金陵, 지금의 南京) 광릉(廣陵, 지금의 揚州) 상주(常州) 소주(蘇州) 항주(杭州)일대에 수 백개의 원림이 조성되었다.

원(元, 1271-1368)나라 때는 화가 예찬(倪瓚)이 만든 청비각·운림당·사자림(淸閟閣·雲林堂·獅子林)등이 유명했는데 사자림은 지금도 소주에 남아 있다.

명(明, 1368-1644)나라 때 역시 당송시대의 전통을 계승하면서 원림을 조성하였는데 전국각지에 퍼졌다. 그리고 원림 설계는 갈수록 전업화(專業化) 기교화(技巧化)되었다. 이 때의 원림에 관한 글로는 계성(計成)의 원야(園冶), 육종연(陸從衍)의 취고당검소(醉古堂劍掃), 문진형(文震亨)의 장물지(長物志)등이 남아 있다. 또 명나라 때 조원된 것으로는 졸정원·유원·만원(拙政園·留園·漫園)등이 역시 소주에 남아 있다.

청(淸, 1644-1911)나라 때는 소주와 양주지역에 있는 원림을 본 건륭황제(1736-1795)가 북경의 궁정원유(宮廷苑囿)에 많이 확대모방하기도 하였다. 북경의 어원(御苑·皇家園林)으로는 이화원·원명원(頤和園·圓明園)등이 유명하였고, 강남의 사원(私園)으로는 이원·개자원·수원(伊園·芥子園·隨園)등이 유명하였다. 모두 기화요초·기암괴석·누각전정·대소원지 등으로 중국전통원림의 특징을 갖췄다.

중국의 황원(皇園)과 사원(私園)은 모두 제왕·귀족·문인들이 자기의 권위를 상징하고 우아한 휴식을 취하기 위하여 만들었음은 자명한 일이다. 그러면서 명산대천의 자연풍경을 집에서 감상하면서 세속을 초월하고자 하는 의지의 표현이기도 하였다. 현존하는 황원은 9개소·사원은 50개소·자연풍경원림과 사묘원림은 28개소 등이다. (중국명원도유지남)

원림과 중국인의 사상

중국미술의 특징은 일반적으로 거대하고, 화려섬세하고, 다종다양하며, 기교적이라고 하는데 중국의 원림도 그렇다. 한국의 정원(창덕궁의 후원·소쇄원·보길도·안압지 등)의 자연스러운 아름다움과는 달리 중국의 정원(원림)은 인간의 기교를 다 해서 만든 괴석과 가산(假山) 온갖 꽃과 이상한 모양의 인공못(池) 동굴과 곡교(曲橋) 많은 전각과 누정 등으로 이뤄졌다. 따라서 한국인이 중국의 정원을 관람하면 쉽게 싫증을 느끼게 되고, 중국인이 한국의 정원을 보면 보잘 것 없다고 폄하(貶下)하게 된다.

어떻든 중국의 원림은 중국인의 사상, 즉 그들의 우주관·자연관·인생관 등을 나타내고 있다. 한 마디로 말하면 중국인의 자연과 인간이 조화를 이루고자 하는 마음, 자연과 인간은 다퉈서는 안된다는 사상, 자연과 인간은 둘이 아니라 하나라는 사상을 나타내고 있다. 즉 天人不二·天人合一·天人不爭·天人相和의 정신과 사

광동성에 있는 순덕의 청휘원 : 맑고 밝은 원림(정원)이라는 이름을 가진 이곳은 사가원림으로서 크고·화려하고·섬세하며 남방건축양식을 잘 보여주는 대표적인 원림이라 하겠다.

절강성에 있는 소흥의 동호 : 중국인의 조경예술뿐만 아니라 중국인의 철학·인문사상·문학·미술 등 거의 모든 분야의 수준을 보여주는 원림은 화북지방보다는 화중과 화남지방의 원림이 더 아기자기하고 아름답다고 할 수 있다.

상을 나타낸다고 하겠다.

중국유가(儒家)사상은 어짐(仁)과 사랑(愛)인데 이것은 천지만물의 마음이라고 한다. 또 유가 사상에서는 우주의 모든 사물을 천지인(天地人)으로 종합할 수 있고, 우주의 일부분인 사람은 경천애지(敬天愛地)해야 한다고 말한다.

도가(道家)의 중심사상은 자연(自然)과 무위(無爲)이기 때문에 자연을 가장 아름다운 것으로 보고 있다. 따라서 허정(虛靜)한 마음을 추구하고 천지만물을 하나로 보는 노장사상가들은 자연 속에서 살고 자연으로 돌아가는 것을 이상으로 삼고 있다. 그러므로 그들은

북경의 자금성 후원(일부) :
자금성의 앞쪽(행정공간)에는
나무 한 그루도 없지만 뒤쪽(거
주공간)에는 어화원이 있어 아
름다운 황가원림 역할을 하고
있다. 사진의 이곳은 동북쪽에
있는 황제의 휴식처이다.

불가(佛家)의 승려들처럼 무위 · 무명 · 무지 · 무욕(無爲 · 無名 · 無
知 · 無欲)을 추구한다.

한국인이 중국의 정원을 관람할 때는 중국인의 자연관과 인생관,
중국인의 미의식, 중국문인의 조원관(造園觀)등을 생각하면서 보아
야지 단순히 건물의 크고 화려함 · 괴석과 가산의 웅장함 · 화초와
과목(果木)의 번잡함 등만 보면 안 된다. 중국원림은 중국인의 사상
의 총합(總合)이며 상징이기 때문이다. 다시 말하면 원림과 문학 ·
미술 · 철학 등과의 관계를 생각하면서 보아야 한다.

3
중국고전원림

　가장 중국적인 원림은 한 무제(漢 武帝, 기원전 142-기원전 87)때의 상림원(上林苑)과 감천원(甘泉苑)으로부터 시작되었다. 당나라때에는 불교의 흥성에 따라 조성된 사관원림(寺觀園林)과 함께 황가(皇家)와 사가(私家)의 원림도 더욱 많아지고 커졌다. 황가원림으로는 화청궁(華淸宮·華淸池)이 유명하였다.

　북송(北宋, 960-1127)의 서울 변량(汴梁, 지금의 開封)에는 금명지·경림원·옥진원(金明池·瓊林苑·玉津園)등 황가원림만 8개나 있었다. 특히 휘종(徽宗, 1101-1125)황제는 가장 중국적이고 고전적인 어원(御苑) 조성에 힘썼다.

　명청 두 나라때는 앞에서 언급한 것처럼 강남일 대, 특히 소주와 양주에서 수 많은 고전원림이 조영되었다. 물론 사가원림이 절대다수를 차지하였다.

　다시 정리하면 중국의 원림은 황가원림(북경고궁의 어화원·피서

북경의 자금성 후원(일부) : 자금성을 지금은 고궁박물원이라 부르고 일반에 개방했지만 청나라가 망할 때(1910)까지는 황가원림(어화원)으로 황족만의 정원이었다. 최고 수준으로 만든 정원이다.

산동성에 있는 곡부의 공묘(孔廟) : 공자의 사당인 공묘는 단묘원림(북경의 천단과 같은)인데 규모가 크기로는 북경의 자금성에 버금갈 정도라 하겠다. 대성전 앞쪽의 운룡문열주(雲龍紋列柱)가 매우 중국적이다.

광동성에 있는 순덕의 청휘원 : 광동
성에서 제일 아름다운 사가원림인 청휘
원(淸暉園)의 건물에 사용된 목재는 말
할 것도 없고 건물안의 가구들도 값비
싼 목재를 써서 만들었다. 조각도 섬세
하고 아름답다.

산장 · 향산공원 · 연화지 · 북경 북해공원 · 이화원 · 원명원), 단묘
(壇廟)원림(북경천단 · 북경월단과 지단 · 섬서성의 조사묘 · 산동성
의 공묘), 사관(寺觀)원림(강소성의 금산사와 한산사), 능원(陵園)(명
13능 · 섬서성의 황제릉 · 요령성의 북릉과 동릉 · 하북성의 동릉과
서릉), 사가(私家)원림(소주의 유원 · 사자림 · 창랑정 · 망사원 · 졸
정원 · 서원, 양주의 하원과 개원, 남경의 첨원, 상해의 예원)등 5종
류로 나눌 수 있다고 하겠다. 물론 황가원림이 가장 크고 화려하다.

이 원림들은 중국인(황족 · 귀족 · 문인 · 부호 등)의 인생관과 우
주관(자연관)을 상징 대표하는 것이다. 이제부터 중국예술의 고향
이며 원림도시인 예향3주(揚州 · 蘇州 · 杭州)를 차례로 찾아가 보면
다음과 같다.

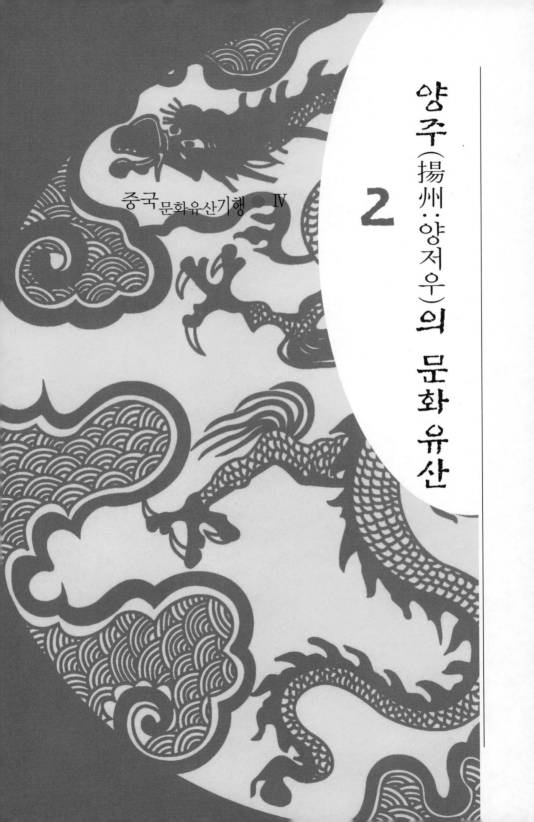

중국문화유산기행 ● Ⅳ

2 양주(揚州·양저우)의 문화유산

1

양주사

(揚州史 : 양저우스)

2천4백80여년의 역사를 자랑하는 양주는 揚州· 揚州府· 蔣州·
廣陵· 江都· 揚州市라고 불렸는데 수 양제(605-616)때 항주와 북
경을 잇는 경항대운하(京杭大運河)가 개통됨으로써 남북강하(江河)
유역의 군사· 경제문화교류 중심지가 되어 번영하기 시작하였고,
당 천보 6년(747)에는 인구가 47만명이나 되는 대도시가 되었다.

이때 양주에 머물고 있는 아랍상인만 해도 5천여명에 이르렀다.
원나라 때 이곳에 있던 마르코폴로도 그의 동방견문록에 양주에 관
한 기록을 남겼다.

송나라 때는 금나라와 원나라에 저항하는 싸움터가 되어 양주는
많이 파괴되었다.

명나라 276년간에도 번영을 거듭하였으나 1640년대초 청군의 양
주 침공때 10일간 격전을 거듭하였기 때문에 양주는 다시 많이 파

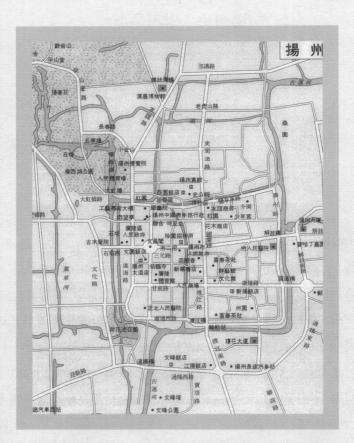

양주 시중심지구지도 : 2천4백 80여년의 역사를 가진 양주의 중심지구
는 완전히 구시가지이고 외곽은 신흥발전지구이다. 따라서 개원·상원·
하원 등 주요 원림과 행정기관 등도 시중심지구에 있다.

괴되었다.

이때 명말 장군 사가법(史可法, 병부상서)의 양주사수작전은 유명
했고 지금도 그의 사당과 묘가 잘 보존되어 있다.

청나라도 양주의 경제지리적 위치를 중요시하여 강희·건륭황제
는 남순(南巡)때마다 양주에 몇 달씩 머물렀는데 건륭황제(1736-
1795)는 6차례나 이곳에 왔었고, 그의 황가원림(皇家園林)과 수상유
람처(水上遊覽處)는 지금도 좋은 관광코스가 되고 있다. 양주는 19
세기 중엽까지 양주화파(揚州畵派)의 유행과 함께 발전과 번영을 거
듭하여 소주 항주와 함께 예향3주가 되었고 원림성시(園林城市)가
되었다.

2백년간(1662-1862)의 흥성기가 끝난 후 양주는 아편전쟁(1842)
후부터 개항도시가 된 상해에 우월한 지위를 빼앗기기 시작하면서
쇠퇴하여 갔다. 철도운송의 증가로 대운하의 역할도 크게 감소하였
다. 1931년의 대홍수는 양주를 더욱 낙후되게 하였다.

신중국의 건국(1949)후 성곽은 헐려 대로가 되었고, 원림도시는
산업(경공업과 농업)과 상업도시가 되었다. 현재 3시 2현과 시구(市
區)를 관할하고 있는 양주(남북 140㎞, 동서 80㎞)의 인구는 450만
명으로 증가하였다. 양주에는 명승 고적 문화유적 등이 많아 문물
보호단위가 150여곳이 되고 여전히 역사문화명성(名城)으로 이름을
떨치고 있다.

사계절이 분명하고, 최저기온(1월, 영하 5도)과 최고기온(7월, 39
도), 연평균상대습도(79%)등이 적당하며 식물자원이 풍부한 양주
의 녹화(綠化)비율은 37%나 된다.

예술의 고향과 수로(水路) : 옛날에는 중요한 교통로였던 수로(물길)는 좁았지만 물은 비교적 깨끗했다. 기온은 영상이었지만 제법 쌀쌀하였다. 필자의 뒤로 보이는 안개 긴 풍경이 아름답다.

원림안의 형상석(形相石) : 중국인은 괴석을 유난히 좋아하고,
또 그 괴석으로 괴상하게 생긴 짐승모양을 만들거나 가산(假山)
과 동굴 만들기를 좋아한다. 태호석으로 만든 낙타모양이다.

한가지 붙일말은 양주는 신라시대부터 한국과 깊은 인연을 맺고 있다는 사실이다. 최치원(856-?)도 양주에서 벼슬살이를 하였고, 고려시대에는 무역센터인 고려관이 설치되기도 하였다. 요즘엔 한국공업단지도 있다.

2
양주의 문물보호단위
(文物保護單位)

2천4백80여년의 긴 역사와 좋은 자연환경 및 지역주민의 노력으로 양주에는 지금도 문물보호단위가 150여곳이나 있는데 종류별로 보면 대략 다음과 같다.

① 풍경명승구(風景名勝區)

　수서호(瘦西湖)풍경명승구　대명사(大明寺)　관음산선사(觀音山禪寺)　건륭수상유람선(乾隆 水上遊覽線)

② 성시원림(城市園林)

　개·하·췌·진·울원(個·何·萃·珍·蔚園)　편석산방(片石山房)　소반곡(小盤谷)　이분명월루(二分明月樓)　왕씨소원(汪氏小苑)　유장(劉庄)　죽서공원(竹西公園)　하화지공원(荷花池公園)

양주 평산당의 수로 : 양주에는 150여곳이나 되는 문물보호단위가 있다. 즉 풍경명승구·성시원림·현시원림·종교고적·명인고거 등이다. 평산당에서는 많은 시인들이 작품활동을 하였다.

원림의 화가
(花街) : 중국
원림안의 길에
는 흙길이 없
다. 모두 자갈
로 예쁘게 무늬
를 만들어 깐
꽃길로 덮여있
다. 그 꽃길도
다 달라서 아름
답기도 하지만
곧 싫증 나기도
한다.

③ **현시원림(縣市園林)**

고유(高郵)인민공원 강도선녀(江都仙女)공원 의징(儀徵)시 원림 과주금춘원(瓜洲錦春園)

④ **종교고적(古蹟)**

고민사(高旻寺) 천령사(天寧寺·양주박물관) 선학사(仙鶴寺) 만수사(萬壽寺) 문봉탑(文峰塔) 천산한묘(天山漢墓) 수 양제릉 완원묘(阮元墓)

⑤ **사당·정각·명인고거(祠堂·亭閣·名人故居)**

사가법사묘(史可法祠墓·기념관) 문창각(文昌閣) 사망정(四望亭) 매화서원(梅花書院) 나빙 (羅聘)고거 주자청(朱自淸)고거

44

3
양주문화유산기행코스

승용차 · 버스 · 유람선등을 이용하는 코스는 세 코스가 있는데 모두 하루(오전9시→오후5시) 걸린다.

① 매화령→어마두→야춘원→녹양촌→홍원→서원→대홍교
   →수서호→오정교→24교→어마두 →관음산→당성유지
   →한묘박물관
② 대명사→서원→관음산→당성유지→오정교→수서호→하
   원→야춘원→천령사→양주박물관 →양주팔괴기념관→사
   공사(사가법기념관)
③ 하원→소반곡→편석산방→보하정묘(원)→개원→삼원로→
   석탑로→문봉탑(문봉공원)

만약 4성급호텔인 서원반점에 투숙한 여행객이라면 다음 코스를

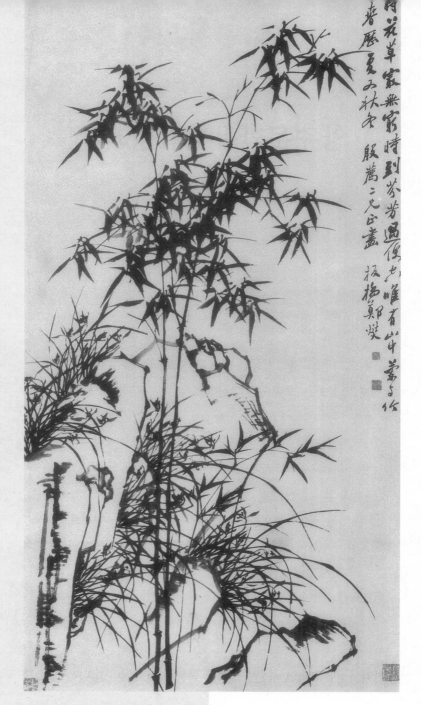

정판교의 난죽도 : 양주화파 가운데 난초와 대나무를 가장 잘 그렸던 판교 정섭 (1693~1765)의 난죽도는 시·서·화가 하나로 어울린 명품이다. 푸르름과 그윽한 향기가 넘치는 듯 하다.

날아갈듯한 정자는 홀로 서 있고 : 당
나라때의 시선(詩仙) 이태백의 시를 생각
하면서 날아갈듯한 정자를 배경으로 사
진을 찍었다. 아름다운 수서호의 풍경에
취해서 필자도 멋을 부려 보았다.

따라 걸어다니면서 보아도 좋을 것이다. 역시 하루 걸린다.

서원반점→천령사→양주박물관→사가법묘(사공사 · 사가
법기념관)→야춘원입구→분경원→수서호공원입구→춘류정
→백탑→오정교→망춘루→24교→풍정→서원→수서호공원
입구→서원반점(왕복12㎞)

어떻든 양주에서 꼭 봐야 할 곳을 선정하면 7곳인데 자세히 안내
하면 다음과 같다.

4
사가법기념관

(史可法紀念館 : 스커파지니엔꽌)

이 사가법기념관은 사공묘·사공사·사가법묘·사가법사묘·사충정공묘(史公墓·史公祠·史可法墓·史可法祠墓·史忠正公墓)등이라고도 한다. 양주 광저문 밖 매화령에 있다. 정문 앞에는 4m 도로가 있고 그 앞에는 작은 배가 다닐 수 있는 수로가 있다.

남명(南明)정부의 병부상서로서 양주독사(揚州督師)가 되어 항청전(抗淸戰·1645)에서 싸우다 죽은 사가법(1602-1645)의 사당은 1768년(건륭33)에 세워졌고, 1777년(건륭42)에는 포위충혼(褒慰忠魂)이라는 어제편액이 하사되었다. 사가법장군이 죽은지 1백여년이 지났어도 강남 양주지방의 민심이 안정되지 않았기 때문에 건륭황제가 하사한 것이다. 태평천국운동 때(1853) 많이 훼손되었다가 1869년(동치9)에 오늘의 모습으로 확장·중건되었다.

대문의 오른쪽에 걸려있는「史可法紀念館」이라는 간판은 신중국

사충정공묘(史忠正公墓)
앞의 필자 : 넓지도 좁지
도 않은 묘원(墓園)의 많
은 매화나무에 둘러싸인
무덤 앞에서는 엄숙한 기
분이 들었다. 그래서 모자
를 벗고 사진을 찍었다.

의 주덕(朱德)장군이 쓴 것이다. 안으로 들어가면 2백50여년이나
된 은행나무 두 그루가 서 있고, 그 안쪽 향당 내에는 사가법 소상
(塑像,1985년 제작, 높이 2m)이 있다. 명나라 때의 관복을 입고 오
사관(烏紗冠)을 쓴 정면좌상이다. 그 뒤에는 커다란 매화도가 있다.
그리고 그 위에는 기장산하(氣壯山河)라는 큰 편액이 걸려 있다. 향
당 진열장에는 사가법이 가족에게 써 남긴 유서 · 사씨족보 · 추원
도(양주항청10일기록화) · 양주10일기 · 사충정문집 · 사가법이 사
용하던 옥대 등 유물이 전시되어 있다.

사가법(史可法)기념관 입장권 : 남명(南明)정부의 병부상서로서 항청전(抗淸戰)에서 싸우다 죽은 사가법(1602-1645)은 양주사람들의 붉은 애국심이었다. 그래서 청정부가 사당을 지어주기도 했다.

향당 뒤쪽에는 사공의관묘(史公衣冠墓)가 있는데 史忠正公墓라 쓰여진 석액(石額)이 걸려있고, 묘비에는 明督師兵部尚書兼東閣大 學士史公可法之墓라고 각자(刻字)되어 있다. 묘 뒤 담장에는 重修梅 花岭(嶺)明史閣部祠墓記와 閣部史公像記가 새겨진 석각병풍이 감장 되어 있다. 그리고 넓지도 좁지도 않은 묘원(墓園)에는 매화나무(冬 梅·臘梅·春梅 등)가 많이 심어져 있다. 1999년 2월 초 필자가 방 문했을 때도 노란 봄 매화가 피어 있었다. 사공(史公)의 애국충절향 기처럼 은은한 향기가 뜰에 가득했다. 태호석으로 꾸며진 연못 옆

정자(梅觀)에 올라 뜰을 다 살펴 본 후 80m에 이르는 곡랑(曲廊)을 지나 독서루인 梅花仙館에 들어갔다. 또 비정(碑亭)과 유묵청인 청설헌(晴雪軒)도 둘러 보았다. 청설헌 앞에 서 있는 2백여년이나 된 고납매(古臘梅·음력12월에 피는 매화)는 사공의 명렬한 철골충심(鐵骨忠心) 같았다.

사당(祠堂)은 향당의 서쪽에 있고 그 남쪽에는 정문이 있으나 지금은 폐쇄되어 있다.

여담이지만 현재 중화인민공화국 주석인 강택민(江澤民)의 고향이 이곳 양주이기 때문에 북한의 김일성주석도 1991년 11월 12일에 사가법사묘를 방문하였고, 수서호에서 배를 타고 관광을 했다는 기록이 남아있다. 필자도 방문록에서 김일성의 글(사가법장군의 애국정신은 영원히 빛난다)을 읽었고, 그가 강주석과 함께 탔던 유람선도 타 보았다.

<u>5</u>
양주당성유지박물관
(揚州唐城遺址博物館 : 양저우탕청위즈뽀우꽌)

  1979년에 설립된 당성유지박물관은 양주시내 서쪽에 있는 관음
산의 동쪽(수양제 행궁터 서남쪽)에 있다. 총면적은 1만1천㎡이다.
주변이 아름다워 국가급풍경명승구로 지정되어 있다. 당나라 때의
건축양식과 고성원(古城垣, 옛 성의 낮은 담) 그리고 진귀한 출토문
물등을 보면서 성당(盛唐)시대의 양주의 번영을 다시 생각할 수 있
다.

  박물관 근처에 있는 낮은 언덕(蜀岡)은 양주고문명의 발상지이다.
이곳에는 한·남조시대에는 광릉성(廣陵城); 수시대에는 강도성(江
都城), 당대에는 아성(衙城 또는 牙城), 송대에는 보우성(寶祐城)등
이 있었다. 그래서 지금은 다시 수축된 담장·성문·궐루 등이 있고
성당시절의 영화를 맛 볼 수 있다.

  당나라 때의 절도사가 지은 건축물인 연화각(延和閣)을 다시 짓고

멀리서 본 당성유지(唐城遺地) : 당나라때 양주의 번영을 보여주
는 당성유지는 관음산 아래에 있다. 옛성의 낮은 담·당나라때의 건
축양식·진귀한 출토문물 등이 볼만하다. 주변 경치도 아름답다.

박물관의 본관건물로 사용하고 있는데 이곳에는 5백여점의 당대유
물이 전시되어 있다. 전시실은 3곳이지만 전람은 네 부분으로 나눠
져 있다.

　제 1부분은 성지(城池)와 행정구역부분이다. 수대에 개통된 경항
대운하는 양주를 강남의 중요도시로 만들었고, 당대에도 회남(淮
南)8주를 관할하였기 때문에 회남절도사와 염철전운사·시박사 등
이 양주에 머물면서 정치·경제·조운(漕運)·대외무역 등을 다스
렸다. 당대의 양주성은 수강(蜀岡)위의 아성(衙城, 양주대독부와 관
아가 있는 성)과 시구에 있는 나성(羅城, 상공업구와 주택구가 있는

당성유지박물관 본관 : 당나라때의 건축양식을 재현한 이 건물(연화각)안에는 5백여점의 당나라때 유물이 진열전시되어 있다. 전시실은 3곳이고 4부분으로 나눠 전시하였다.

성)으로 되어 있었다. 양주성은 장안과 낙양의 두 경성(京城) 다음으로 규모가 컸었다. 성곽의 범위는 남북6천여m, 동서 3천여m나 되었다. 양주 나성 안에서 발굴·발견된 유물은 배수시설·도자기·삼채기·금은기·유리기(페르샤제품)등 다양하였다.

제 2부분은 수공업과 상업부분이다. 가장 주요한 유물을 전시한 부분이다. 양주 서문 밖에서 출토된 수공업 작방유지(作坊遺址)이다. 금속기·석기·자기·칠기 등 각종 수공예품을 만들던 도구와 기구등도 출토되었다. 또 국내무역과 국제무역을 했던 유지도 확인되었다.

제 3부분은 문화예술부분이다. 양주의 번영에 따라 문화예술인들도 양주에 많이 왔는데 이백 · 백거이 · 맹호연 · 왕창령 · 유우석 등의 시인, 이사훈 · 염립본 · 이해 · 진서 · 이사해 등의 화가들이다.

제 4부분은 대외왕래부분이다. 양주는 당대의 4대항구중 하나였는데 일본 · 조선 · 인도 · 동남아 등 여러나라와 무역을 하였다. 신라시대의 최치원도 회남절도사 관아에서 관리직을 지냈다. 승려를 포함한 일본인도 수백명씩 머물렀다.

당성유지박물관은 역사유지이면서 원림유지이기도 하여 주변 경치가 대단히 좋다. 따라서 이 박물관에서 지방특성의 유물관람과 원림내의 유람을 함께 할 수 있어 좋다. 필자는 3년전에 찾아갔었는데 입장권과 사진을 챙겨두지 못해 섭섭하게 되었다.

6
양주박물관
(揚州博物館 : 양저우뽀우꽌)

  1958년 사가법사당안에 설립한 양주박물관은 1987년 그 서쪽에 있는 천령사(天寧寺)로 옮겼다. 1999년 2월 필자가 찾아가 관람했을 때도 번듯한 박물관은 아니었다. 건물·시설·유물·직원 등이 다 시원스럽지 못하였다. 천령사에는 산문전·천왕전·대웅보전·화엄각·동서낭방·배전·방장루 등 건물이 있고, 박물관의 전시실과 유물창고는 이 건물들을 그대로 사용하고 있다. 건물은 거의 다 1865에서 1911년 사이에 지어진 것들이었다.

  양주박물관 소장품은 1만5천여점인데 옥석·도자·금속·목기·칠기·서화·비첩·화폐·묘지권·전각·혁명문물 등이다. 이 가운데 한대 칠기와 동경이 가장 특색이 있고, 칠기와 금은을 상감한 그릇들도 좋은 것이 많이 있다. 동경에는 日光鏡 淸白鏡 淸明鏡 昭明鏡 畵家文字鏡 東西王母人物鏡 등이 유명하면서 1백여점이나

양주박물관 본관 : 정면 9간이나 되는 목조 2층 건물인데 천령사의 대웅보전이었다. 지금은 제2관 (양주역사문물진열실)으로 사용하고 있고 2층은 관장실·사무실 등으로 사용하고 있다.

양주박물관입장권 : 천
령사(天寧寺)의 대웅보전
과 양쪽 회랑을 전시실
로 쓰고 있는 양주박물
관(1999년 2월 현재)은
역사문물진열실 · 서화진
열실 · 공예진열실 · 석각
진열실 등으로 나눠져
있다.

唐黃釉綠彩龙首壺

揚州博物館
参观券

당나라때의 석조 천왕상(天王像) : 작은 괴수를 밟고 서 있는 천왕상(높이 46cm)은 조각이 잘 되어 기운이 생동하고 있다. 당나라때 불교문화가 흥성했음을 잘 보여주고 있다.

당나라때의 무도여도용(舞蹈女陶俑) : 흙으로 빚어 만든(섭씨 8
백도 정도로 구워서)춤추는 여자인형인데 키·머리모양·옷·살
찐 모습 등이 당나라때 여성의 표준형이다. 높이는 28㎝이다.

있다.

또 당대의 나무배도 있는데 대목선(大木船, 24m×4.3m×1.3m)과 독목주(獨木舟, 길이 13.6m)가 전시되어 있다. 둘 다 당나라 때의 조선기술을 볼 수 있는 귀물들이다.

도자기 가운데는 원나라 때의 남유백룡문매병(경덕진요제품)이 가장 좋은데 세계에 3점밖에 없는 것이다. 크고 아름다워 이곳에서 전시하기 아깝다는 생각이 들었다.

진열은 양주역사문물진열·양주고대공예품진열·양주팔괴서화진열 등으로 나눠 하고 있다. 그동안 양주명청공예미술전람 등 특별전도 여러 차례 하였다.

또 15평 크기의 마르코폴로(1254-1324)기념실도 있어 이태리 여행가였던 마르코폴로가 양주에 머물렀슴(3년간, 1282-1284)도 알려주고 있었다. 필자는 관장의 안내로 관람을 편히 한 후 유물창고에 있는 양주팔괴의 작품 30여폭을 특별히 볼 수 있는 행운을 지금도 잊을 수 없다. 이 때 양주여행(1999. 2. 1- 4), 후 필자는 한국미술사교육연구회 제12회 전국학술대회(1999. 6. 6, 경주)에서 「양주와 양주미술: 청대 18세기전후 회화를 중심으로」라는 논문을 발표한 바 있다. 평소 중국회화사를 전공한 탓으로 논문은 가볍게 쓰여졌지만 양주여행과 많은 작품의 친견으로 논문을 생동감 있게 쓸 수 있었다.

7
양주팔괴기념관
(揚州八怪紀念館 : 양저우빠꽈이지니엔꽌)

양주시구(市區)안 사망정(四望亭) 부근 옛날 당나라때의 서방사 (西方寺)터에 있는 양주팔괴기념관은 크지도 작지도 않았다. 큰길에서 안쪽으로 난 골목을 5백여m 걸어 들어가기 때문에 불편했지만 깨끗하게 관리하고 있었다. 크고 작은 5개의 진열실(진열대청·팔괴서화작품전실·김농기거실·이아여서화진열청·양주화랑 등)이 있고, 잔디밭·천년이나 된 은행나무·아름다운 가산(假山)과 못·팔괴서화비석이 있는 장랑(長廊)등도 있어 기념관으로 갖출 것은 다 갖춘 셈이었다.

본관인 진열대청의 가운데에는 팔괴십오가(8怪15家, 8명의 괴짜 화가라고 하지만 15명의 화가가 여러 기준에 의해 8명안에 들어 갔기 때문에 편의상 이렇게 불렀다)의 조각상(群雕)이 여러 모습으로 있다.

양주팔괴기념관의 내부 : 양주 시내에 있는 사망정(四望亭)
부근에 있는 양주팔괴기념관의 내부에는 실물크기의 화가인
물상과 사진·도표·작품 등이 함께 진열 전시되어 있다.

凉葉飄蕭
塵土井井寒霜華
不畏早寒侵畫
欲畫鷄見叫喚並人雄
間而誰心 乾隆十六□□□月
□堂博□□□籍

이선의 유하추경
도(柳下秋景圖) :
이선(1686-1762,
호는 복당)이 그린
이 그림은 양주화
파 회화의 특성(실
물을 직접보고, 재
미있게, 빨리 그리
는)을 잘 나타내고
있다.

양주팔괴라는 말은 1873년(淸 同治12)부터 사용하기 시작하였는데 이들은 양주·산동·안휘·절강·복건·강소·호북 등 전국각지에서 양주로 와 활동한 화가들이었다. 그림을 팔아 생계를 유지한 문인화가였는데 15명중 제일 먼저 출생한 화가(1682년생인 화암)와 제일 늦게 난 화가(1733년생인 나빙)의 나이 차이는 51년이나 된다. 그러나 이들은 모두 산수 인물 화조 사군자 초상 시문 등을 그

화암의 옥천사(玉泉寺) 그림 : 화암(1682–1756, 호는 신라산인)이 그린 호림(虎林) 12경화첩(景畵帖) 가운데에 있는 옥천사도인데 구도와 화법이 짜임새 있고 재미있다.

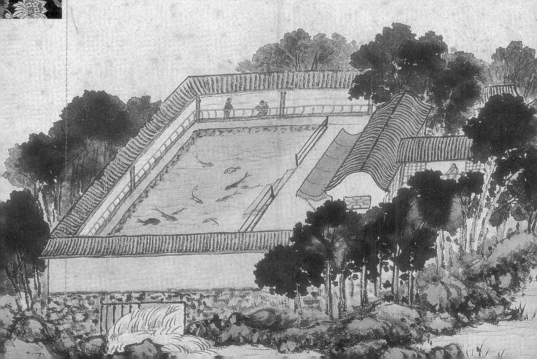

리거나 써서 팔았는데 작품수준과 작품가격도 다 달랐다. 오늘의 눈으로 보면 怪라고 할 곳은 없고 新만 있었다고 할 이들 양주화파 화가들은 자연에서 배우고, 개성을 표출하며, 자신의 서화법을 사용하고, 사의(寫意)에 힘쓰며, 인품을 가꾸며, 수양을 넓히고, 서화의 수요와 공급을 고려하며, 전통을 중시하면서도 창신(創新)에 과감했다.

황신의 종매도(種梅圖) : 황신(1687–1772년경, 호는 영표)의 이 종매도는 선비가 매화나무를 심는 모습을 그린 것이다. 인물화와 매화를 잘 그린 황신의 표준작이라 하겠다.

양주화파화가 15명의 명단을 표로 만들면 다음과 같다.

	이름	생졸년	호	자	출신지역
1	華嵒	1682-1756	新羅山人 · 布衣生	德嵩 · 秋岳	복건성
2	高鳳翰	1683-1748	仲威 · 西園	南阜山人	산동성
3	邊壽民	1684-1752	葦間居士	頤公	강소성
4	汪士愼	1686-1759	巢林 · 左盲生	近人	안휘성
5	李鱓	1686-1762	復堂 · 懊道人	宗揚	강소성
6	陳撰	1686- ?	玉 · 機	愕山	절강성
7	金農	1687-1763	冬心	壽門	절강성
8	黃愼	1687-약1772	瘦瓢 · 恭壽	公茂	복건성
9	高翔	1688-1753	西唐 · 犀堂	鳳岡	강소성
10	楊法	1690- ?		己軍	강소성
11	鄭燮	1693-1765	板橋	克柔	강소성
12	李方膺	1697-1756	晴江 · 秋池	虬仲	강소성
13	李葂	? -1754	嘯村	磐壽	안휘성
14	閔貞	1730- ?		正齊	강서성
15	羅聘	1733-1799	兩峰	遁夫	강소성

진열대청의 네 벽에는 18세기 양주번성도 · 각종 도표 · 사진 · 실물서화(40여폭) 등이 있어 관람을 도왔다. 김농기거실은 대청 뒤에 있었는데 작고 초라(3칸)하여 가난했던 화가의 일상생활을 보는 듯하였다. 김농은 이 때의 모습을 「불상도 없고 또 중도 없는데 빈 불당에 등 하나만 있구나」(無佛又無僧, 空堂一点燈)라고 글로 썼다.

　양주팔괴기념관은 크고 좋은 신관을 짓고 있는데 곧 개관할 예정이다.

8

수서호

(瘦西湖 : 써우시후)

　당나라 때의 시인으로 시선(詩仙)이라는 별칭을 가진 이태백의 시에 「아른아른한 (연기처럼) 꽃이 피는 3월의 양주를 향하며」라는 귀절이 있다. 꽃철의 양저우는 정말 꽃밭을 이루고 있는데 써우시후(瘦西湖, 원명은 長春河였는데 항주의 서호보다 작고 홀쭉한 호수라고 해서 생긴 이름이다)의 호반에는 갖가지 꽃들이 다퉈 피고 있다. 양주와 수서호의 아름다움을 시나 소설로 쓴 문인으로는 맹호연·이태백·백거이·유우석·두목·구양수·소식·사가법·등척·조설근(홍루몽의 저자)·오경재(유림외사의 저자)·주자청 등이고, 그림으로 그린 화가로는 석도와 양주8괴15가 등이라 하겠다.

　복사꽃과 살구꽃 그리고 능수버들(양주의 市樹다)이 늘어져 있는 수서호는 많은 홍교(虹橋)로 연결되어 있는 보대교(宝帶橋) 등의 다리(오정교·문월교 등)·주변의 크고 작은 원림·정자와 누각·탑

수서호(瘦西湖) 입장권 : 입장료는 18원(98년 1월)에서 25원(99년 2월)으로 올랐고, 지금(2002년 2월)은 얼마인지 모른다. 중국도 이렇게 물가가 뛰고 있다. 필자는 양주의 이 수서호를 항주의 서호보다 더 좋아한다.

등이 하나로 어우러져 있어 글자 그대로 선경(仙境)을 이루고 있다. 모두 건륭황제(1736-1795)가 6차례나 양주를 찾아와 머물면서 완성한 승경(勝景)이라 해도 지나친 말은 아니다.

　필자도 유람선(김일성이 1991년 11월 12일에 탔던 배)을 타고 수서호를 한 바퀴 돌면서(1시간) 아름다운 경치를 감상했는데(1999. 2. 3.) 항주의 서호에서 유람선을 타고 구경했던 것보다 훨씬 감탄했던 기억이 생생하다. 대홍교·장제·하포·서원·소봉관·소금산·사교·취대·부장·오정교·백탑(1784년 건륭황제의 제 6차 유람 때 3일만에 지었다는 라마교탑) 등을 보았다.

　이런 곳을 볼 때도 양주를 읊은 시·양주화방록·양주부사·홍루몽·양주명원기 등을 읽고 또 양주 24경(景)도 읽어 본 후 구경한다면 중국문학과 예술을 하나로 감상하는 것이 되니까 훨씬 더 재미

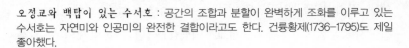

오정교와 백탑이 있는 수서호 : 공간의 조합과 분할이 완벽하게 조화를 이루고 있는 수서호는 자연미와 인공미의 완전한 결합이라고도 한다. 건륭황제(1736~1795)도 제일 좋아했다.

있고 보람있을 것이다. 아무 말도 없이 보거나 젊은 조선족 안내원의 천편일률적인 관광안내만 받으면서 보면 재미도 보람도 없을 것이다. 이런 아름다운 호수를 보는 것도 공부이며 중국문화유산답사니까 제대로 하자는 것이 본인의 주장이다. 그래야 「배는 물 가운데 떠서 가고, 사람은 그림 가운데서 노닌다」(船在水中行, 人在畵中遊)가 되는 것이다.

정리하면 수서호의 아름다움은 자연미와 인공미의 결합이라 하겠다. 조경건축학적으로 보아도 공간의 조합과 분할이 완벽하게 조화를 이루고 있다고 한다. 또 소주의 여러 원림들은 규모와 구성에서 수서호를 따라 올 수 없다고도 한다. 그래서 양주는 꽃피는 춘삼월(春三月)에 가야 하고, 양주에 가면 꼭 수서호에 가서 유람선을 타고 건륭황제가 갔던 코스(乾隆水上遊覽線)를 따라 구경을 해야 할 것이다.

개원
(个園 : 꺼위엔)

    필자는 나무도 아니고 풀도 아닌 대(竹)를 무척 좋아한다. 사철 푸르고 곧곧하면서 선비의 올곧은 성품을 상징하기 때문이다. 그래서 아파트에 살 때도 베란다에 몇 그루의 대를 길렀고, 가평의 전원주택 이름도 유죽거(有竹居, 대가 있는 집)라 짓고 정자(弄月亭, 달을 희롱하는 정자)옆에 대를 심어 자그마한 대숲(竹林)을 이루게 했다. 달 밝은 밤에 계곡의 물소리를 들으면서 풍죽·우죽·설죽(風竹·雨竹·雪竹)을 보는 즐거움은 하찮은 필설(筆舌, 붓과 혀)로 다 표현할 수가 없다. 그 동안 대 그림에 관한 논문도 몇 편 썼다.

    중국의 선비들도 대나무를 무척 좋아하고, 대그림만 그리는 화가도 많았다. 그들은 「고기없는 밥은 먹을 수 있어도 대가 없는 집에서는 살 수 없다. 또 고기를 먹지 않으면 여위지만 대가 없으면 속되어진다.」(可使食無肉, 不可居無竹; 無肉令人瘦, 無竹使人俗.)면서 대

개원(个園)입장권 : 대나무가 없는 집에서는 살 수 없고, 대나무가 없으면 속되어진다고 말하는 중국의 선비들은 유난히 대나무를 좋아하였다. 양주의 이 개원에는 여러 종류의 대나무들이 숲을 이루고 있다.

를 아끼고 · 가꾸고 · 상찬하고 · 그린다.

북송 때의 선비 · 관리 · 문학가 · 서예가 · 묵죽화가였던 동파 소식(東坡 蘇軾, 1036-1101)도 유명한 묵죽송(墨竹頌)을 남겼는데 그 내용은 다음과 같다.

> 고기 없는 밥은 먹을 수 있어도, (可使食無肉,)
> 대 없는 곳에서는 살 수 없네. (不可居無竹.)
> 고기를 먹지 않으면 여위지만, (無肉令人瘦,)
> 대가 없으면 속되어지네. (無竹令人俗.)
> 여윈 것은 살찌게 할 수 있으나, (人瘦尚可肥,)
> 선비의 속됨은 고칠 수가 없구나. (土俗不可醫.)

석도(石濤)의 조경미(造景美) : 청나라 초기 화가였던 석도(1642-1707)는 양주에 오래 살면서 (15년간, 1692-1707) 이렇게 아름다운 원림을 만들기도 하였다.

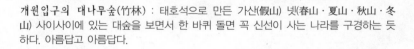

개원입구의 대나무숲(竹林) : 태호석으로 만든 가산(假山) 넷(春山 · 夏山 · 秋山 · 冬山) 사이사이에 있는 대숲을 보면서 한 바퀴 돌면 꼭 신선이 사는 나라를 구경하는 듯하다. 아름답고 아름답다.

필자는 소동파의 묵죽송을 암송하면서 개원(個園이라 쓰지 않고 ↑園이라 해야 한다.)을 구경하였다. 댓잎을 나타내는 ↑자를 쓰지만 발음은 꺼(개)라 한다. 이렇게 된 유래는 건륭황제 초기인 1740년대에 지어진 마씨(馬氏)의 소영롱산관(小玲龍山館)을 가경황제(1796-1820)때인 1818년에 상인 황지균(黃至筠)이 산 후 수축(修築)하면서 이름을 個園이라 했기 때문이다. 黃씨는 대와 돌을 매우 좋아하여 괴상하게 생긴 태호석(太湖石)으로 가산(假山) 넷(春·夏·秋·冬山)을 만들기도 하였다. 그래서 한 바퀴 돌면서 기기묘묘하게 생긴 네 산을 볼 수 있다.

개원은 별로 크지 않지만(남북 60m, 동서 90m) 아기자기한 모습은 중국의 사가원림(私家園林) 가운데에서도 으뜸이라는 말을 듣고 있다.

푸른 대숲 사이사이에 있는 집(청의정·의우헌·주추각 등)과 못, 그리고 가산들(이 가운데 秋山이 가장 크다)을 보면서 개원의 중심에 있는 크고 잘 지은 의우헌(宜雨軒 또는 桂花廳·四面廳)에서 사방을 둘러보았다. 이 의우헌은 주인이 손님을 맞아 접대하는 본관인 셈이다.

사계가산(4季假山) 가운데는 가을산(秋山)이 가장 크고 기묘하게 생겼는데 석봉·석굴·석실·석문·석창·석상 등이 다 있다. 모두 입체적으로 연결되어 있어 더욱 묘하고 재미있다. 물론 폭포도 있고 연못도 있다. 못 속에는 금붕어가 놀고 있다. 산을 만든 돌이 황석(黃石)이어서 가을 정취를 더하고 있다. 이 추산은 청초 화가 석도(石濤, 1642-1707)가 안휘성의 황산을 모방하여 쌓았다는 말도 전한다. 그림도 잘 그렸지만 조산·조원(造山·造園)도 잘했던 석도였고 양주에도 오랫동안(1692-1707, 15년간)머물렀기 때문이다. 그러나 이 얘기는 단순한 전설에 불과하다. 거대한 자연을 폭15m 정도의 가산에 집약해 놓은 모습에 필자는 숨이 막힐 듯 했다. 소중견대(小中見大, 작은 것 안에서 큰 것을 봄)라 할까. 중국미술의 특징인 거대성·섬세성·화려성·완벽성 등을 보는 듯 하기도 했다. 이 추산추경(秋山秋景) 때문에 개원은 이름을 떨치고 있다.

10
하원
(何園 : 허위엔)

청말 광서년간(1875–1908)에 하씨(何氏)가 양주 오씨(吳氏)의 편
석산방(片石山房)을 사서(1883년) 고치고 넓힌 후 자기 성을 따 하
원(何園)이라 했으니까 역사는 1백20여년이 되었다. 물론 사가원림
(私家園林)이다. 기소산장(寄嘯山莊, 자연의 읊조림에 기탁하여 사
는 집)이라고도 하는 하원은 자연미 · 예술미 · 이상미(自然美 · 藝術
美 · 理想美)가 하나로 어우러져 있는 화원(花園)이라는 말을 듣고
있다. 남북110m, 동서130m 정도의 하원은 3부(동부 · 중부 · 남서
부)로 나눠져 있고, 동부에는 반월대 · 사면청, 중부에는 잠산관 · 호
접청, 남서부에는 서재(편석산방) 등이 있다. 물론 그 사이에는 연
못 · 꽃밭 · 가산 · 작은 숲 등이 잘 배치되어 있다.

개원은 필자의 호텔에서 걸어가(10분거리) 보았으나 하원은 택시
를 타고 갔다. 양주시내의 동남쪽 고운하(古運河) 가까운 곳에 있었

는데 주변은 살림형편이 어려운 사람들이 살고 있어서 지저분했다. 입구도 더러웠다. 월문(月門, 기소산장이라는 석판이 위에 붙어 있다) 앞에서 사진을 찍고 안으로 들어갔다. 원림내부는 그런대로 본래의 모습을 지니고 있었다. 청말 건축양식과 조원(造園)기술을 볼 수 있었다.

소주의 큰 원림들에 비하면 규모가 작다고 할 수 있는 하원은 화원답게 갖가지 꽃(매화·계화·모란·작약·단풍·장미·파초 등)이 사철 아름답게 피고 진다.

하원의 중부에는 제법 큰 못이 있고 못 가운데에는 방정(方亭)이 있다. 그곳엔 높이가 14m나 되는 태호석가산이 있다. 인간이 꾸밀 수 있는 한계 끝까지 이른 듯한 산이어서 산에 있는 것은 모두(봉우리·절벽·바위·폭포·협곡·동굴 등) 갖추고 있었다.

하원(何園) 입장권 : 연꽃이 많이 피는 원림이라고도 하고, 자연의 읊조림에 기탁하여 사는 집(寄嘯山莊, 기소산장)이라고도 하는 이 원림은 크게 3부분으로 나눠져 있다.

또 주변의 긴 회랑은 4백여m나 되었고 그 곡절(曲折)과 요철(凹凸)은 묘하고 묘했다. 이런 묘하고 아름다운 경치 때문에 TV드라마의 배경으로 자주 촬영 소개되기도 하였다.

마지막으로 서재였던 편석산방은 규모가 작은 화원이었는데 무척 아름다웠다. 이 곳 역시 TV화면에서 자주 볼 수 있는 곳이다.

화원의 전체면적은 1만 4천여㎡이고 건축면적은 7천여㎡이다. 건축면적이 반이니까 건물이 많은 셈이다. 그래서 조금은 답답한 느낌이 들었다. 그리고 소주의 원림들 보다는 관광객도 적어서(물론 양주라는 도시가 교통이 불편한 관계로 외래관광객이 소주 · 항주 · 남경 등 보다 훨씬 적다.) 유지 관리하기가 힘들어 보였다. 18세기의 화려한 영화(榮華)는 쓸쓸한 잔영(殘影)으로만 남아 있는 것 같았다.

하원의 월문(月門 또는 空門) 앞에 선 필자 : 흰벽·
벽의 뚫린 창·담위의 용지붕·둥근 달같은 월문 등이
특이한 하원 입구는 충분히 매력적이었다. 곳곳에 있는
괴석도 그야말로 괴상하게 생겼다.

하원의 곡교(曲橋) : 자연미·예술미·이상미를 하나로 어우러지게 꾸민 원림이라는 하원에는 직교와 홍교(虹橋)도 있지만 절도있게 꺾인 곡교도 있어 인공미도 보여주고 있다.

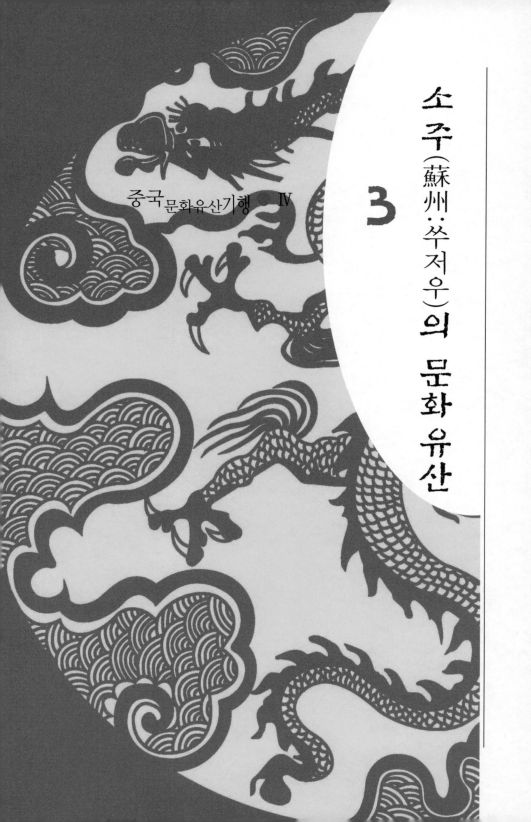

중국 문화유산기행 Ⅳ

3

소주(蘇州·쑤저우)의 문화 유산

1
소주사
(蘇州史 : 쑤저우스)

예향삼주(藝鄕3州, 양주·소주·항주)의 문화유산기행코스는 대개 한국→남경→양주→소주→항주→상해→한국이지만 반대로 한국→상해→항주→소주→양주→남경→한국 순서로 해도 된다. 상해와 남경에서 한국행 여객기가 있으니까 어느 쪽 코스도 상관 없다.

예향삼주에는 다 호수(수서호·태호·서호)도 있고 수로(水路)도 있지만 소주에는 유난히 수로가 많아 수주(水州) 같았다. 이탈리아의 베니스 같다. 그래서 1275년 소주에 온 마르코폴로는 그의 동방견문록에 소주를 자기의 고향인 베니스에 비유했다. 그때 이미 중국사람들은 「하늘위에는 천당이 있고, 하늘 아래에는 소항이 있다」면서 소주와 항주의 아름다움을 자랑하고 있었다.

강소성(江蘇省) 동남부 장강 삼각주평원에 있는 소주(강소성직할시)의 위치는 동경120.3도, 북위31.2이다. 면적은 4구, 6시를 거느

소주시중심구지도 : 1275년 소주에 온 마르코
폴로(동방견문록을 쓴 이탈리아 여행가)는 소주
를 베니스에 비유했다. 소주가 베니스만큼 아름
답고 수로(水路)가 많아서 그랬을 것이다.

리고 있어 8천4백여㎡이며, 인구는 6백만(성구인구 1백만)이다. 연평균 기온은 16도이지만 최저기온(영하9도)과 최고기온(영상39도)의 차이는 48도나 된다.

소주의 역사는 구석기시대부터 시작되었지만 역사시대는 오(吳)나라의 서울이 되었을 때 (기원전 514년)부터이니까 2천5백여년이나 되었다. 비옥한 대지 · 알맞은 강우량(연 1천76㎜) · 풍부한 물산 · 사통팔달의 교통망 · 아름답고 많은 원림 · 문화예술인들의 집중 등 여러 가지 좋은 조건은 소주를 2천여년 동안 발전시킨 요인이 되었다. 소주라는 이름은 589년부터 시작되었다. 1128년의 금나라 침공과 1275년의 원나라 침공 때 많이 파괴되었으나 곧 수복되었고 그 후 더욱 발전하였다. 소주의 수로(水路, 물길)는 크게 삼횡사직(3橫4直, 가로로3 세로로4)으로 나누지만 작은 물길은 수 없이 많다. 그리고 그 많은 물길 위에는 작은 배(그야말로 일엽편주다)가 떠 다니고, 또 수많은 다리(石橋, 당나라 때는 390개 · 청나라 때는 640여개 · 지금은 180여개)가 놓여 있다.(필자는 2001년 8월 28일 소주에서 蘇州古橋라는 책을 샀다.)

중국인의 자연친화(親和)사상을 반영한 인공조원(人工造園)인 소주의 원림은 춘추시대부터 만들어지기 시작했는데 제일 많았을 때는 2백70여곳(명나라 때)이나 되었고, 지금은 60여곳이 남아 있다. 이 가운데 유명한 고전원림(古典園林)은 12곳이고, 명승고적은 15곳이다. (張錫昌, 蘇州, 上海畵報出版社, 2001.7)

유구한 역사와 화려한 문화예술전통을 자랑하는 소주는 중국역사상 많은 명사(정치가 · 문학가 · 화가 등)를 배출하기도 하였다. 즉

반문(盤門)의 고전미 : 소주중심구의 남쪽 수로 옆에 있는 반문은 기타 문들(제문 · 평문 · 누문 · 봉문 · 남문 등) 보다 크고 · 잘 생기고 · 아름답다. 그 앞의 돌다리(소주에는 1백 80여개가 있다)와 함께 어울려──.

함려 · 손무 · 부차 · 항우 · 장승요 · 육우 · 백거이 · 장욱 · 범중암 · 심주 · 오관 · 왕세정 · 당인 · 구영 · 문징명 · 고염무 · 김성탄 · 왕시민 · 왕감 · 왕원기 · 왕휘 · 유월 · 장태염 · 장대천 등이다.

소주사람들은 소주 자랑을 8가지로 나눠 하는데 내용은 다음과 같다.

    1. 魚米之鄉 (물고기와 쌀이 풍부한 고을)

    2. 美食之邦 (맛있는 음식이 많은 곳)

    3. 杏壇之基 (학문의 터전이 되는 교육기지)

    4. 人文之藪 (많은 인문 · 사회 · 문화 · 과학자)

쌍교(雙橋)와 옛 집들 : 넓고 좁은 수로에 따라 다리도 크고 작으면서 모양도 다 다르다. 모두 독창성과 개별성을 보여주는 건축물이다. 그 근처의 집들도 그렇다.

5. 絲綢之府 (비단과 자수의 생산지)

6. 工藝之市 (각종 공예품을 생산하는 중심지)

7. 水鄕之城 (호수와 수로로 이루어진 도시)

8. 花園之都 (아름다운 원림이 많은 도시)

어떻든 소주는 지금도 중국에서 가장 아름다운 도시·흰벽과 검은 기와지붕으로 상징되는 전통가옥이 많은 도시·비단생산업이 활발한 도시·세계문화유산인 고전원림이 4곳이나 있는 도시·국내외 관광객이 넘치는 도시임을 뽐내고 있다. 20여곳을 찾아다니면서 필자는 소주를 배우고 확인하였다.

94

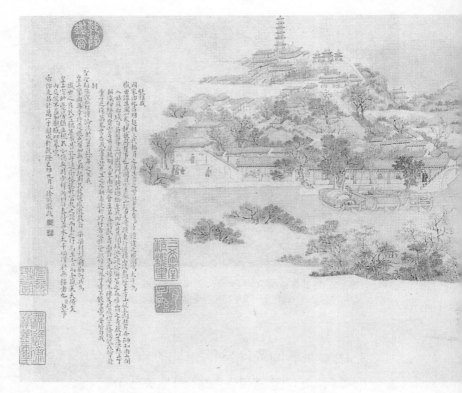

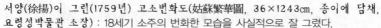

서양(徐揚)이 그린(1759년) 고소번화도(姑蘇繁華圖, 36×1243cm, 종이에 담채, 요령성박물관 소장) : 18세기 소주의 번화한 모습을 사실적으로 잘 그렸다.

2

소주원림

(蘇州園林 : 쑤저우위엔린)

남송시대 시인이었던 오문영(吳文英)이 「소주에 가서 살지 않은 인생은 가엾다」(可惜人生, 不向吳城住.)라고까지 말할 정도로 소주는 아름다운 곳인데, 그것은 수 십곳에 흩어져 있는 크고 작은 원림·거미줄처럼 퍼져있는 물길(水路)·수준 높은 미감(美感)과 건축의 만남인 옛다리(古橋)등이 하나로 어우러져 된 역사문화 성시(城市)이기 때문이다. 과장하면 십전십미(10全10美, 다 갖추고 다 아름다운)의 도시이다.

소주의 원림을 살펴보기 전에 옛다리를 보면 다음과 같다. 목교도 있었지만 석교가 대부분이었고, 그 석교중에는 홍교(虹橋, 무지개다리)가 절대다수를 차지하고 있다. 그리고 제일 오래된 것은 당나라 때(816년) 만든 보대교(宝帶橋)이다. 이 보대교는 중국4대 저명고교(著名古橋, 보대교 · 안제교 · 주포교 · 정양교)중의 하나여서 더욱

우원(耦園)의 월문(月門) : 「소주에 가서 살
지 않은 인생은 가엾다」고 한 어느 시인의 말
처럼 소주는 아름다운 도시이고 예술의 도시
이다. 다니면서 볼수록 감칠맛이 난다.

퇴사원(退思園)의 중정(中庭) : 소주사람들은 소주자랑을 많이 한다. 맛있는 음식자랑·많은 예술인자랑·좋은 비단자랑·아름다운 원림자랑 등 8가지나 된다. 요즘은 생활수준의 향상도 자랑한다.

환수산장(環秀山莊)의 가산(假山) : 중국미술의 특징은 조화(調和), 특히 음양(陰陽)
의 조화미에 있다. 즉 남과 여·하늘과 땅·돌과 물·강과 약·생과 사 등의 조화다.
생각하면서 보아야 한다.

유명하다. 길이 317m · 폭 4m · 수공(水孔) 53개의 이 다리는 중국의 옛다리 가운데에서 제일 긴 다리이기도 하다.

돌다리는 모두 아름다워 그림다리(畵橋)라는 말을 듣고 있는데 풍교 · 만년교 · 월성교 · 행춘교 · 오문교 · 채운교 · 정자교 · 도향교 · 완전교 · 풍월교 · 오룡교 · 비파교 · 수평교 등이 유명하다. 이런 소주 옛다리의 특징은 많고 · 예스럽고 · 빼어나게 아름답고 · 풍취가 있다(多 · 古 · 秀 · 趣)는 점이다. 필자도 여러 곳의 다리를 아래에서 관찰하고 위에 올라 가 보았는데 크기와 모양이 같은 것이 없어서 독창성이 돋보였다.

크기는 작지만 옛다리는 원림에도 많아 원림의 아름다움을 더해 주고 있었다. 원림 안의 다리는 거의 다 구부려져 있어 (曲橋) 재미도 더 있었다. 소주에 있는 60여곳의 원림에는 모두 곡교가 있다. 선비나 부호가 스스로 즐기고(自誤) · 깨끗하고 시원함(瀟灑, 소쇄)을 찾고 · 좋은 벗들과 모여(雅集) 지내기를 위하여 만든 원림은 그만큼 아름답고 화려하다.

현재 소주에서 일반에 개방된 원림은 대략 다음과 같다.

졸정원 · 유원 · 망사원 · 환수산장 · 창랑정 · 사자림 · 예포 · 우원 · 퇴사원 · 이원 · 곡원 · 반원 · 호구공원 · 계당률사 · 한산사 · 북사탑 · 반문 · 쌍탑 · 현묘관 · 전진회관 · 석호 · 영암산 · 천평산 · 천지산 · 광복 · 동산 · 서산 · 동리 · 주장.

참고로 소주문화유산기행코스를 몇가지 소개하면 다음과 같다.
(하루 또는 이틀 걸린다.)

1. 졸정원→사자림→민속박물관→호구공원→유원→한산사.
2. 현묘관→망사원→창랑정→비각박물관.
3. 북사탑→사주박물관→이원→곡원→환수산장→자수박물관.
4. 졸정원→원림박물관→희곡박물관→이원→비각박물관.
5. 호구공원→한산사→유원→졸정원→사자림→망사원.
6. 영암산→천평산→천지산.

3

호구공원

(虎丘公園 : 후치우꿍위엔)

소주시원림관리국에서 관리하고 있는 호구는 호구산·호구공원·해용산(海涌山)이라고도 하는데 전국문명풍경여유구(全國文明風景旅遊區) 10개 가운데에서도 첫손 꼽히는 곳이다. 진시황제도 와서 노닐었다는 이곳은 역사가 길고 문화유산이 많고 아름답기 때문이다.

두산문(頭山門)과 해용교(海涌橋)를 지나 이산문(二山門)에서 입장권(門票, 20위엔)을 사가지고 올라가기 시작하면 볼거리가 너무나 많아 빨리 봐도 2시간 이상 걸린다. 춘추전국시대부터 시작되어 내려오는 전설과 야담 등의 이야기·온갖 시대양식을 보여주는 목조와 석조건물 등이 수 없이 많다. 여기저기에 흩어져 있는 정자만 해도 이선정·가중정·설랑정·어비정·분췌정·용천정·방학정·화우정·동구정·손무자정·원앙정 등 10여개나 된다. 이외에 발

호구(虎丘)공원 입장권 : 진시황제도 와서 노닐었다는
호구공원은 역사도 길고 · 문화유산도 많고 · 경치도 아름
다워 일년 내내 관람객으로 인산인해를 이루고 있다.

호구를 찾은 박물관학예원들 : 1999년 12월 한국대학
박물관협회의 관장과 학예원들이 찾아 갔을 때 설명을
듣는 모습이다. 왼쪽에서 두 번째가 필자.

을 멈추고 안내문을 읽고 역사와 문화를 알아야 할 곳도 감감천·시검석·침석·진랑묘·천인석·점두석·검지·운암선사·호구탑·오현당·소오헌·망소대·냉향각·석관음전·신공사·선인동·만경산장·탑영원 등 20여곳이나 된다.

오(吳)나라의 합려(闔閭)가 행궁을 짓고 이곳에 묻힌 이후 진(晋)나라 때는 호구산사·당나라 때는 무구(武丘)·송나라 때는 운암선사(雲岩禪寺)·청나라 때는 호부선사(虎阜禪寺)라 하면서 많은 정·대·누·각·원·사·헌·관(亭·台·樓·閣·園·榭·軒·館)등을 지었다.

사방이 개천으로 둘러싸인 호구가 이렇게 아름답고 볼만한 것이 많아서 당나라 때 시인 백거이(白居易)는「일년에 열두번이나 오니 적은 것도 아니고 많은 것도 아니구나」라고 하였고, 송나라 때 문장가 소동파(蘇東坡)는「소주에 와서 호구에서 노닐지 않으면 곧 유감스러운 일이다」라고 할 정도였다.

전설과 고사(故事)도 많다. 양(梁)나라 때 감감존자가 팠다는 샘인 감감천·칼이 잘 드는가 시험하기 위해 바위를 내리 쳐 두 쪽으로 냈다는 시검석·당나라 때 기생 진랑에 얽힌 진랑묘·일천명이 앉아 고승의 설법을 들었다는 천인석·합려의 묘를 만든 후 비밀을 유지하기 위하여 공장(工匠)들을 다 빠뜨려 죽였다는 검지·961년에 세워진 후 1천여년동안 7차례나 화재 등 피해를 입었으나 약간 기울어진 채 지금까지 잘 보존되어 있는 운암사탑(8각7층 전탑, 속칭 호구사탑, 높이 47.7m, 내외이중의 목탑구조)·뜰에 1백여 그루의 매화나무가 있어 봄에 암향(暗香)을 자랑하는 냉향각 등이 많다.

눈 내린 겨울의 호구공원 : 겨울엔 영하 9도까지 기온이 내
려가고 눈도 오는 소주니까 설경도 아름답다 . 멀리 우뚝 서
있는 탑은 호구탑(운암사탑, 8각7층전탑, 높이 47.7m)이다.

호구의 아름다움을 그림으로 남긴 화가와 그림에는 명나라 때 오파(吳派)의 창시자였던 심주(沈周, 1427-1509)의 호구도·동유호구도·호구송객도·호구연별도·호구12경도책, 문백인(文伯仁, 1502-1575)의 죽림정사도, 전곡(錢穀, 1508-1578?)의 호구전산도 등이 있다.

또 호구에 대하여 글을 쓴 명사에는 고개지·고야왕·원굉도·진계유·장정견·백거이·유우석·장적·소식·정사초·고록·심주·문징명·육치 등이 있다.

필자는 호구를 두 번 가 보았는데 두 번째 갔을 때는 혼자서 책(董壽琪 저서 등)을 들고 다니면서 3시간 동안 관람했다. 순서는 두산문·해용교·단량전·감감천·시금석·침두석·진랑묘·손무정·철인석·백련지·이선정·검지·대웅보전·오현당·망소대·소오헌·호구탑·어비정·냉향각·제삼천·만경산장·후산 등으로 하였다. 만경산장은 분재원이었는데 중국에서 제일 넓은 분재원(분경원·盆景園, 1982년 조성)인데 6백여 그루를 잘 가꾸고 있었다.

4
한산사
(寒山寺 : 한산쓰)

중국회화사에서 송나라 때부터 오늘의 남경 · 양주 · 소주 · 신안 · 상해 등지에서 활약한 화가와 화파에는 미가파 · 마하파 · 원사대가 · 원파 · 절파 · 오파 · 안휘파 · 신안파 · 금릉파 · 양주파 · 소주파 · 화정파 · 해상파 등이었는데, 이 지역(절강성 · 강소성 · 안휘성)에서는 그만큼 유명한 화가가 많이 배출되었다는 얘기다.

또 송나라 이후 소주지방에서 이름을 떨친 문인으로는 소식 · 소순흠 · 오문영 · 범성대 · 범중엄 · 섭몽득 · 문징명 · 당인 · 고계 · 오위업 · 왕사정 · 모종강 · 김성탄 · 우동 · 신덕잠 등이 있었다.

자연이 아름답고 · 자원이 풍부하고 · 상공업이 발달하고 · 인재가 모여들었기 때문에 문화예술인들이 재능을 발휘할 수 있었던 것이다.

문학적으로 소주를 천하에 널리 알린 것은 한산사, 그 앞 운하에

한산사 조벽(照壁) 앞의 필자 : 병풍처럼 둘러 서 있는 노란색 벽(照壁 또는 照墻)은 깨끗하고 아름다웠다. 중국 절앞에는 간혹 이런 조벽이 있었지만 한산사의 조벽이 제일 인상적이었다.

中國蘇州
江苏省苏州市

寒山寺

参观券

票價： **10** 元

蘇
地 (201061)

N<u>o</u> 0501549

2001.8.28

한산사(寒山寺) 입장권 : 한산사는 소주에
서는 비단옷에 꽃 한송이를 단(錦上添花,
금상첨화) 것과 같은 존재다. 규모가 별로
크지 않으면서도 세상에 널리 이름을 떨치
고 관람객을 모으고 있으니 서로에게 이
로운 것이다.

110

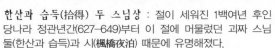
한산과 습득(拾得) 두 스님상 : 절이 세워진 1백여년 후인
당나라 정관년간(627-649)부터 이 절에 머물렀던 괴짜 스님
둘(한산과 습득)과 시(楓橋夜泊) 때문에 유명해졌다.

있는 작은 무지개다리 풍교(楓橋), 742년(당나라 때) 가을 나그네 시인 장계(張繼)의 시, (楓橋夜泊, 풍교에 배를 매고) 한 수 때문이라고 하면 지나칠까, 시의 내용은 다음과 같다.

　　풍교에 배를 매고(楓橋夜泊)

　　달이 지자 까마귀 우짖는 서리 가득한 하늘에(月落烏啼霜滿天)
　　강둑 단풍과 고기잡이 불빛이 마구 보며 조네(江楓漁火對愁眠)
　　고소성밖 한산사(姑蘇城外寒山寺)
　　그 종소리 한밤에 객선을 때리네(夜半鐘聲到客船).

　소주시 서쪽 교외에 있는 한산사를 보기 위해 택시를 타고 가서 바로 경내로 들어가지 않고 풍교에 올라 한산사의 뜨락을 한 눈으로 다 보고 내려와 참관권(10위엔)을 산 후 안으로 들어갔다. 병풍처럼 둘러 서 있는 노란색벽(照壁, 照墙) 앞에서 찍은 사진은 1999년 12월 16일에 찍은 것인데 깨끗하고 아름답던 조벽은 지금까지 내 마음속에 각인(刻印)되어 있다.

　좁은 뜨락에는 천왕전·대웅보전·한습전·보탑등이 서쪽에서 동쪽으로 있고, 그 좌우에 향제당·풍강루·비랑·홍법당·나한당·종헌·문종정·한습정·종루·방장실 등이 있다.

　남북조시대의 양(梁)나라 때인 천감년간(502-519)에 창건되어 5

한산사의 종루(鐘樓) : 돈 벌기에 바쁜 이곳에서는 타종비만 내면 종을 칠 수 있는데 일본관광객이 제일 많이 치고 좋아한다. 뜰에는 종소리를 듣는 돌(聽鐘石)이 서 있다.

한산사 보명보탑 : 1996년에 중건한 이 5층 4면 누각당탑식 보명보탑을 보면 일본의 5층탑이 얼마나 많이 당나라 탑양식을 닮았는가 알 수 있다.

중국문화유산기행 ● Ⅳ

번이나 소실과 재건을 되풀이 한 한산사의 여러 건물은 청말 목조 사찰건축양식을 보여주고 있다.

절이름은 처음에는 묘리보명탑원(妙利普名塔院)이라 했으나 당나라 정관년간(627-649)에 두 명의 괴짜 중 한산과 습득(拾得)이 살았다는데서 오늘의 이름으로 전해지기 시작했다.

한산사는 원나라 말의 전란으로 많이 훼손되었었고, 태평천국시대(1851-1862) 항일전8년(1937-1945) 국공내전(1945-1949) 문화대혁명(1966-1976)기간에도 많이 파괴되었으나 1982년부터 대대적인 수리 · 중건사업을 벌여 오늘의 모습을 갖추게 되었다. 1996년에는 보명보탑(5층4면누각 당탑식)도 중건하였다.

중국회화사 전공자인 필자의 눈에 크게 보인 것은 대웅보전안 여래불상 뒷벽에 있는 석각그림 한산습득도(양주팔괴중의 하나인 나빙〈1733-1799〉의 그림)였다. 유쾌하게 웃는 두 스님의 모습이 매우 인상적이었다.

또 1979년 12월 31일부터는 1906년에 일본인들이 헌금하여 주조한 종을 108번 치는 제야의 타종식도 거행하여 많은 관광객을 모으고 있다.

그런데 지금도 타종비만 내면 누구나 종을 치게 하고 있어 향치엔칸(向錢看, 돈을 바라 보아라)을 좋아하는 중국사람들을 보는 것 같아 마음이 씁쓸하다.

특히 일본인들(명나라 때 주조한 종은 일본인이 가져 갔다고 한다)이 구름처럼 몰려오고 있어 (당나라 때부터 중국에 온 일본의 구법승들 처럼) 야릇한 느낌까지 든다. 그리고 일본 초등학교 교과서에는 한산사 이야기와 장계의 시(풍교에 배를 매고)까지 실려 있다고 한다.

 어떻든 한산사에는 일본인이 기증한 범종·관음동상·공해동상 등이 있어 관람하는 동안 중국인보다는 일본인을 더 많이 볼 수 있다고 해도 지나친 말은 아닌 것 같다.

5
유원
(留園 : 류위엔)

　하늘과 땅 사이에 오래도록 머문다(長留天地間)는 뜻을 가진 유원 (留園 : 류위엔)은 4백여년전인 명나라 가정년간(1522-1566)에 사 가화원(私家花園)으로 만들어진 후 청나라 광서년간(1875-1908)에 크게 넓혔으나 항일전쟁 때(1937-1945) 많이 훼손되었다. 그러나 신중국의 중앙정부와 소주시 지방정부가 30여년전에 완전히 정 비 · 수복 · 재건하여 오늘의 모습을 갖추게 하였다.

　유원은 졸정원(소주) 이화원(북경) 피서산장(승덕) 등과 함께 중국 4대고전원림에 드는 명원(名園)이지만 규모는 넷 중 제일 작다. 넓 이 약 4만㎡. 그러나 작은 고추가 맵다는 말처럼 가장 짜임새 있고 아름답다고 할 수 있다. 세계문화유산답게 건물(17개동) · 수목 · 연 못 · 괴석(태호석) 등의 배치와 꾸밈이 최고수준이라 하겠다. 즉 건 축공간의 처리와 풍경구의 크기와 모양이 탁월하여 변화가 무궁무

유원(留園) 입장권 : 세계문화유산인 유원은 「하늘과 땅 사이에 오래도록 머문다.」(長留天地間)는 뜻을 가지고 있다. 규모는 작지만 짜임새 있고 아름다운 원림으로 유명하다. 입장료는 16원

진하다.

　유원은 중·동·서·북 등 사경구(4景區)로 나눠지는데 중구와 동구가 핵심부분이며 정화(精華)부분이어서 제일 볼만하다. 연못이 가운데에 있는 중구는 산수를 주경(主景)으로 하고 있는데 가산(假山)과 석봉(石峰, 옥녀봉·청지봉·인월봉·선장봉 등)이 우뚝우뚝 서 있다. 그리고 여기저기에 누·랑·정·헌(樓·廊·亭·軒)등의 고전양식 건물이 아름답게 서 있다. 즉 녹음헌·명슬루·함벽산방·곡계루·청풍지관 등이다.

　동구에는 유난히 아름다운 건축물이 많은데 7백m에 이르는 회랑(回廊)은 눈부시다. 그리고 우뚝 서 있는 관운봉(冠雲峰, 6.5m)과 좌우의 서운봉(瑞雲峰)등은 소주원림 가운데 제일 크고 아름답다는 말을 듣고 있다. 또 그 옆의 원앙청과 관운루 등은 원림건축의 정품(精

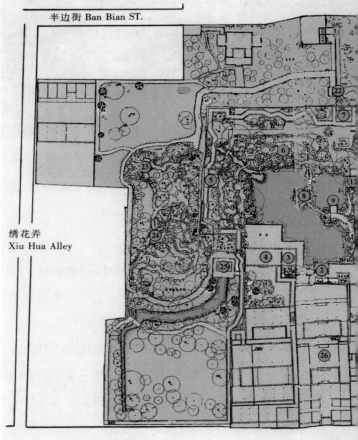

留园景点示意图

Plane Figure of thd Lingering Garden

比例尺 Scale

01   5   10

半边街 Ban Bian ST.

绣花弄
Xiu Hua Alley

留园路
Liu Yuan Rd

118

유원의 구조와 건물 배치: 약 4만㎡의 유원은 4개의 경구(景區)로 나눠져 있는데 건물(17개동)·수목·연못·괴석 등의 배치와 꾸밈 이 탁월하여 변화가 무궁무진하다.

119

120

유원의 중앙경구(景區) 모습 : 못 가운데의 바위산은 소봉래(小蓬萊)이며 그 남쪽에 있는 정자는 가정(可亭)이다. 중앙경구는 산수를 중심으로 하고 있어 유원의 정화(精華)부분이라 하겠다.

品)이라는 평을 듣고 있다. 관운봉 앞 연못의 수련(水蓮)도 아름답고
--. 서구는 자연풍광을 위주로 하고 있어 야취(野趣)가 넘치고 있
다. 수목도 울창하다. 북구는 전원(田園)의 모습을 살려 꾸민 곳이
다.

이 유원에서 인상적인 것은 문청(門廳)벽에 있는 커다란 유원전경
도(留園全景圖, 옥석으로 상감하여 꾸미고 흑칠을 한 그림)인데 이
곳에서 유명한 화가와 서가가 그림을 그리고 글씨(吳下名園 留園記
등)를 쓴 것이다. 아주 잘 만들어진 안내도였다.

입구(문청)로 들어간 후 꽃길(花街, 수 없이 다른 모양의 돌을 깔
아 만든)을 따라 관람하는 순서는 중구·동구·북구·서구 순서로
하는 것이 좋은데 명슬루·함벽산방·가정·원취각·청풍지관·
곡계루·오봉선관·관운봉·관운정·지락정·서소정·활발발지·
사당 등을 더 자세히 보는 것이 좋다.

6
소주사주박물관

(蘇州絲綢博物館 : 쑤저우쓰저우뽀우꽌)

　세계에서 비단 하면 중국비단이고, 중국비단 하면 소주비단이라는 말이 있듯이 소주비단은 세계적으로 유명한 최상품이다. 그래서 중국의 대외수출품 가운데 제일 비싼 물건이 되었고, 비단길(중국에서 로마까지의 무역로, 실크로드)을 따라 서양에까지 널리 펴져 나갔던 것이다.

　누에에 뽕나무잎을 먹여 길러 누에고치를 얻고·실을 뽑고·비단을 짜고·옷을 만들기까지는 20여 과정을 거쳐야 하는데 청나라 강희황제(1662-1722)때 그려진 경직도(耕織圖)에 쓰여진 제시(題詩)의 제목만 보아도 다음과 같다.

　　俗種 · 2眠 · 3眠 · 大起 · 捉績 · 分箔 · 采桑 · 上簇 ·
　　炙箔 · 下簇 · 擇繭 · 筈繭 · 練絲 · 蚕蛾 · 把謝 · 緯 · 織 ·

苏州丝绸博物馆
SUZHOU SILK MUSEUM
SUZHOU CHINA

票价 柒元

N⁰ 0308501

苏地(99)

9400 (.99.3/1~3万)

123

소주사주박물관 입장권 : 입장료는 7원 (한국돈 1천 1백원)이지만 관람가치로는 7만원이 넘는다고 생각될 정도로 볼만한 곳이다. 1991년 개관했으니까 10년이 넘는다. 볼거리도 많다.

絡 · 經 · 染色 · 攀花 · 剪帛 · 成衣

그런데 누에고치에서 실을 뽑아 몇 올(가닥)로 어떻게 명주(明紬, 명주실로 무늬 없이 짠 피륙)나 비단(緋緞, 명주실로 짠 피륙의 총칭)을 짜느냐에 따라 그 종류, 즉 사직품(絲織品)의 종류는 10여 가지나 되는데 내용은 다음과 같다.

紗 · 羅 · 綾 · 絹 · 紡 · 錦 · 緞 · 綈 · 葛 · 呢 · 絨 · 綢 · 綃

또 한가지 누에실(絲)에 얽힌 4자성어(4字成語)도 많다. 즉 天絲萬

소주사주박물관 전경(全景) : 대지가 9천 4백㎡ 인 이곳에는 큰 건물(총건평 5천 3백㎡)이 여러 동 있다. 즉 고대관 · 잠상거 · 직조방 · 근대관 등이다. 주변경치도 아름답다.

縷·綜合分析·錦上添花·錦繡河山·錦衣還鄉·籠絡人心·前程似錦 등이다.

필자가 소주와 항주에서 비단에 관한 모든 실물과 역사 자료를 소장·전시하고 있는 박물관을 찾은 것도 중국비단을 더 잘 알기 위해서였다.

중국비단의 본고장이라는 소주에 이 사주(絲綢, 명주실을 **빽빽**하게 짠다는 뜻인데 한국에서는 잘 쓰지 않는 말이다)박물관은 1981년 사주전문디자이너인 전소평(錢小萍, 치엔샤오핑)여사가 발의하고 꼭 10년걸려 1991년 9월에 개관하였다. 북사탑풍경구(北寺塔風景區)에 있어서 주변경치도 아름답다. 대지는 9천4백㎡이고 커다란

잠상거(蠶桑居) 내부모습 : 뽕나무에 누에를 기르고 있는 곳이다. 뽕나무와 누에도 여러 종류가 있는데 중국인들은, 특히 소주사람들은 소주에서 기르는 것이 제일 좋다고 주장한다.

직조방(織造坊) 내부 모습 : 누에고치에서 실을 뽑아 몇 올(가닥)로 어떻게 명주(明紬)나 비단(緋緞)을 짜느냐에 따라 사직품(絲織品)의 종류는 10여가지나 된다. 즉 사·라·견·금(紗·羅·絹·錦) 등이다.

건물(건평5천3백㎡)은 서청·고대관·잠상거·농사·직조방·중청·금수원·주장·근대관(명청가경) 등으로 구분되어 있다. 농사(農舍)와 상전(桑田, 뽕밭)에서는 뽕나무를 기르고 잠상거(蠶桑居)에서는 누에를 기르고 있다. 또 복제센터도 있다. 운금기(雲錦機) 나사기(羅絲機) 혁사기(革絲機) 등 옛날 방직기에서는 숙련공들이 열심히 비단을 짜고 있다. 수장품은 1만5천여점인데 고대전통사주방직기구 39점·고대사주잔편(殘片) 1백82점·고대사주복장 53점 등이다.

이 소주사주박물관은 소주시립이고 항주에 있는 사주박물관은 국립이어서 항주에 있는 것이 규모가 더 크고 좋다. 항주편에서 금수천지(錦綉天地)를 더 자세히 소개하겠다.

7
소주박물관
(蘇州博物館 : 쑤저우뽀우꽌)

소주의 역사(구석기시대에서 청말까지)와 사회발전을 보여주는 소주시립역사박물관격이다.그런데 이곳이 틀림없이 소주박물관이긴 하지만 이 건물에는 소주박물관이라는 간판은 없다. 태평천국충왕부(太平天國忠王府)라는 간판만 걸려있고 문표(門票, 입장권)에도 박물관 이름은 없다.

소주지방유물 3만여점을 소장하고 있는 이 소주박물관은 1960년에 개관했는데 대지면적 1만6백여㎡·건축면적 7천8백㎡의 소규모 종합박물관이다. 6천여년전의 유물부터 근대유물까지인데 오(吳)나라시대의 실물자료가 많다. 그림·글씨·벽화·공예품·골각기·청동기·도자기·조각·불경·옥제품·직조품 등이다.

또 태평천국시대 충왕이었던 이수성(李秀成, 1823-1864)과 관계되는 유물도 많다. 물론 건물도 충왕부대문·충왕부대전·충왕부

明·文征明手植紫藤

소주박물관 입장권 : 소주시립역사박물관격
인 이 소주박물관에는 태평천국충왕부라는 간
판만 있다. 또 입장권에도 그렇게 되어 있다.
입장권에서 보이는 등나무는 명나라때 화가
문징명(1470–1559)이 심은 것이다.

충왕부(忠王府) 대문 : 태평천국시대에 충왕이었
던 이수성(李秀成, 1823–1864)이 지은 건물이다.
이 곳에서는 명대·청대·근대의 건축물을 다 볼
수 있다. 옆의 졸정원 만큼은 관람객이 적다.

동랑 등이라 하였다. 이렇게 된 까닭은 1860년(청 함풍10) 이수성이
소주로 쳐들어와서 소복성(蘇福省)을 세울 때 졸정원(拙政園)의 일
부·반수현·왕석보저택 등을 합하여 충왕부로 만들었기 때문이
다. 그리고 충왕부를 공서(公署)·주택·원림 등으로 구획지었다.

이홍장(李鴻章)이 태평군을 진압한 후에는 강소순무아문(江蘇巡
撫衙門)이 되었다가(1863-1866) 그 후로는 사가화원이 되었다. 해
방후에는 관공서로 쓰다가 1960년부터 소주박물관이 되었다.

현재 충왕부는 중·동·서로(路)로 나눠져 있는데, 중로에는 대

충왕부 중로후전벽화(中
路後殿壁畵) : 소식채회(蘇
式彩繪)라 할 수 있는 벽화
가 9개 벽에 많은데 화려하
면서 보존도 잘 되어 있다.
내용은 새·짐승·꽃·산
수·도안 등이다.

문·의문·정전·노대·후전·후당 등이 있고, 동로에는 8기봉직
회관·절망루·희대(연극무대)·장원헌·진사서재 등이 있다. 또
서로에는 석고문방·상방·대청·정원·학헌 등이 있다.

　그런데 명나라 때 소주출신 화가들(문징명·당인·축윤명 등)의
흔적이 많이 남아 있는 곳이 이곳이기도 하다. 즉 동로에 있는 와규
당(臥虯堂의 현판 글씨는 당인이 썼다)과 문등(文藤, 문징명이 심은
자색등나무로 4백60여년이나 되었다)등이다.

　그런데 무엇보다 이곳 충왕부에서 가장 눈에 띄는 것은 각 건물에

그려진 그림(彩繪와 壁畵)이다. 모두 태평천국시대에 그려진 것인데 보존상태가 좋아 아직도 화려한 모습을 지니고 있다. 소위 소식채회(蘇式彩繪)의 대표라고 할만큼 아름답다. 내용은 새ㆍ짐승ㆍ꽃ㆍ산수ㆍ도안 등인데 수 백곳에 그려져 있다. 벽화는 9개 벽의 목판에 그려져 있는데 산수ㆍ화조ㆍ주수 등이고 인물은 한 곳에도 없다. 그림은 모두 수려세치(秀麗細致)하다.

8

졸정원
(拙政園 : 쭈오쩡위엔)

　세계문화유산이며 중국4대원림 가운데 하나인 소주의 졸정원을 돌아보면서 여러가지를 생각했는데 첫째는 집에 대해서였다. 사람이 사는 집에는 여러 종류가 있고, 여러 모습이 있다는 사실에 새삼스럽게 눈을 뜬 느낌이었다.

　왕이나 왕족이 사는 곳은 왕가(王家)또는 황가(皇家)라 한다. 물론 왕궁·황궁·궁궐·대궐이라고도 한다. 평민의 집은 사가·사저·저택(私家·私邸·邸宅)등이라 하고, 관리가 사는 집은 관가·관저(官家·官邸)등이라 하며, 스님(중)이 사는 집은 절집·사찰(寺刹)등이라 한다.

　적어도 19세기말까지는 엄격한 계급사회였던 동북아 삼국(한·중·일)에서는 계급과 신분에 따라 주거공간의 크기와 생김새는 달랐다. 즉 주례(周禮)의 고공기(考工記)나 영조법식(營造法式)에 의하

拙政園 —— 世界文化遺産

THE HUMBLE ADMINISTRATOR'S GARDEN-
WORLD CULTURAL HERITAGE

졸정원 입장권 : 필자가 가서 본 중국문화유산 약 2백곳 가운데 입장료가 가장 비싼 (32원) 곳이 졸정원인데 비싼만큼이나 볼거리가 많고, 아름답고, 넓은 세계문화유산이다. 기가 질릴만큼 잘 꾸며진 곳이다.

여 규제를 받았던 것이다. 물론 지역·풍토·종족·문화양식 등 여러 가지 조건에 의하여 주거(住居)형태와 양식도 달랐다.

이 책의 제1장 중국의 원림에서도 언급하였지만 원림은 황족·귀족·고급관리·부호 등의 주거용이거나 휴식용이었기 때문에 규모도 크고 호화로웠다. 특히 물이 많은 강남지방에서는 더 그랬다. 일반 서민의 보잘 것 없는 주거공간과는 높은 담으로 단절되어 있는 원림안에는 집·물·돌·꽃·나무·연못·가산(假山) 등이 어울려 거의 완벽한 승경(勝景)을 이뤘다. 권력이 더 많은 자나 재력이 더 많은 자의 원림은 더 크고 좋았다. 황가원림이 여기저기에 있듯이 재상이나 부호도 몇 곳에 좋은 원림을 가지고 있는 경우도 있었다. 또 큰 것은 15헥타르(ha)가 넘는 원림도 있었다.

졸정원의 파형장랑(波形長廊) : 구불구불한 못가의 길에 세워진 긴 회랑도 물결모양으로 지어져 있고 그 그림자(못속의)도 그래서 환상적인 풍경을 이루고 있다. 장랑을 거닐면 꿈속을 걷는 것 같다.

이런 경향은 남송(1127-1279)때부터 더욱 심해졌다. 그래서 남송의 서울이었던 항주와 그 이웃 도시인 소주·양주 등에는 각각 100곳이 넘는 사가원림이 그후 7백여년간(19세기 중엽까지) 많이 생겼다. 물론 성도·평강 등에도 많았다.

원림의 입의·포국·조경 등에는 실제공사담당자외에 주인·문인·화가 등이 참여하여 시나 수필을 짓거나 그림을 그렸다. 이렇게 함으로써 중국원림의 예술적 수준은 향상되었고 가장 중국적인 정원을 세계에 자랑할 수 있게 되었다. 또 이것은 사방 한 자(30×30㎝) 크기의 화선지 안에 거대한 산수를 다 그려 넣는 것 같아서 축경(縮景) 또는 차경(借景)이라 할 수 있게 되었다.

원림이 많아지고 커질수록 권력없고 재력이 없는 가난한 백성들

졸정원(拙政園) 입구 : 「어
리석은 자가 다스리는 집의
원림」이라는 뜻을 가지고
있는 졸정원에는 아름다운
곳이 서른 한 곳(31景)이나
있다. 중국사가(私家)원림 가
운데 제일 크고 아름다운 곳
이다.

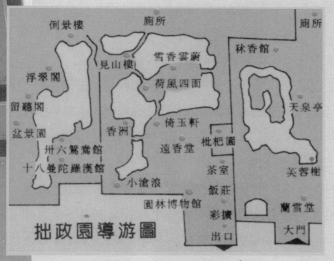

졸정원 구내 약도 : 졸정원은 동·중·서 3개
원(園)으로 되어 있고, 입구와 출구가 다르다.
중원이 가장 큰 중심부이고 잘 꾸며진 곳이다.
청·당·루·사(廳·堂·樓·榭) 등 건축물도
집중되어 있다.

의 집(주거공간)은 심한 착취 때문에 더욱 열악해졌고 변두리로 옮겨졌다. 그래서 좁은 물길(水路)이나 폭이 3m 정도밖에 안되는 골목길(胡同)에 따라 게딱지같은 집들을 잇대어 짓고 살았다. 집안에는 변소도 없어 가족은 모두 개인용변기인 마통(馬桶, 나무쪽이나 대쪽으로 만든 높이 40㎝ 정도의 뚜껑이 있는 둥근 통)을 사용하였다. 한 마디로 비참한 생활이었고, 그 이웃에는 별천지인 원림이 있었다.

그런데 그 호화로운 원림도 최고통치자나 권력자에게 잘못 보이면 부정축재자나 반역자로 몰려 몰수당하는 경우가 있었다. 양주의 안기(安岐, 조선출신 부호, 1683-1744?)가 그랬고 소주의 졸정원주인이 그랬다.

안기는 3대째 중국에서 살면서 소금장사 등으로 돈을 번 후 양주에 큰 원림을 짓고, 서화골동품을 수집하고, 중국서화에 대한 과학적인 비평서인 묵연휘관(墨緣彙觀, 1744)을 저술하였으나 건륭황제의 미움을 받고 소장품과 재산을 몰수당한 후 중국에서 자취를 감춘 한국인의 조상이었다.

강남고전원림의 대표이며 중국사가원림 가운데에서 제일인 졸정원 역시 1509년 어사 왕헌신(御使 王獻臣)이 지은 후 지금까지 여러 차례 주인이 바뀌었는데(합법적으로 또는 비합법적으로) 바뀔 때마다 규모가 커졌다 작아졌다 했다.

진(晋)나라 때 반악(潘岳)의 한거부(閑居賦)에 있는 글 졸자지위정야(拙者之爲政也)에서 따 이름을 지은 이 졸정원은 본래 당(唐)나라 때 시인 육구몽(陸龜蒙)의 고택(故宅)이었다. 그 후 원(元)나라 때는 대홍사(大弘寺)였고, 명(明)나라 때는 왕헌신이 구입·수리 확장하였으며, 그 후 여러차례 관부(官府)와 아문(衙門)이 되었고, 또 주인도 서태시·왕심일·진지린·왕영령(徐泰時·王心一·陳之遴·王永寧)등으로 바뀌었다. 그리고 태평천국시대에는 이수성(李秀成)의 충왕부(忠王府)로 되었다가 그후 다시 팔기봉직회관(8旗奉直會館)이 되기도 하였다. 마지막으로 신중국 건국 후에 국유재산이 되었고, 1961년 전국중점문물보호단위가 되면서 일반에 공개되었다. 세계문화유산이 된 것은 1997년 12월부터이다.

졸정원의 넓이는 5만2천㎡(동서250m·남북200m 정도)이고, 동·중·서원(東·中·西園) 3개원으로 나눠져있다. 3개원은 각각 뚜렷한 특성을 가지고 있다. 정문으로 들어가면 동원인데 본래는 왕심일(王心一)의 귀전원거구지(歸田園居 址)였다. 그래서 풀밭이 많고 나무도 많이(흑송·계수나무·청풍나무·향장나무 등)심어져 있다.

중원은 졸정원의 중심부이며 가장 잘 꾸민 부분이다. 동원(31무)보다는 작지만 중원(18.5무)의 3분의 1정도는 물(물길 연못 등)이 차지하고 있다. 즉 수지(水池)위주로 꾸몄다고 하겠다. 강남수향(江南水鄕)의 맛이 독특하다. 물론 청·당·루·사(廳·堂·樓·榭)등 건축물도 집중되어 있다.

서원은 청말(淸末) 장(張)씨의 보원(補園)이었는데 화·목·수·석(花·木·水·石)이외에 청·당·정·사(廳·堂·亭·榭)도 밀집되어 있어 화려하다.

졸정원의 아름다운 모습은 31경(景)으로 표현되고 있는데 그 만큼

절경이 많다는 의미이다. 그래서 명나라때 4대화가였던 문징명(文徵明, 1470-1559)은 왕씨졸정원기(王氏拙政園記, 약8천자)를 쓰고, 졸정원도(圖)를 그렸다.

졸정원에서 눈여겨 볼만한 곳은 蘭雪堂·芙蓉樹·天泉亭·涵淸亭·遠香堂·黃石假山·待霜亭·綉綺亭·枇杷園·玲瓏館·小滄浪·小飛虹·玉蘭堂·香洲·見山樓·鴛鴦廳·笠亭 등이다.

9
소주원림박물관
(蘇州園林博物館 : 쑤저우위엔린뽀우꽌)

　필자가 여러 해 동안 중국문화유산기행을 하면서 느낀 점 가운데
가장 큰 것은 중국인의 문화적우월주의였다. 그것은 중화사상·중
국중심주의·사이사상·천하제일주의(中華思想·中國中心主義·4
夷思想·天下第一主義)와도 같은 것이라 하겠다. 유구한 역사와 찬
란한 전통문화유산을 자랑하는 중국인들의 자부심·자존심·자만
심은 낮은 경제적 생활수준에 대한 열등감·자괴감·상실감을 보
상해주고도 남는다고 믿는다. 그렇게 생각하고 살기 때문에 최소한
의 식생활문제가 해결된 지금 중국인들은 문화유산을 보존·보수·
관리하는데 힘을 쓰고 있고, 새로운 박물관·미술관·과학관 등을
웅장하고 충실하게 만들고 있다.

　소주에서 원림박물관을 찾아 갔을 때 직원은 졸정원을 먼저 보고
(입구로 들어간 후) 나올 때(출구가 따로 있으니까) 원림박물관을 보

졸정원의 중심부 : 원림박물관은 졸정원의 출구쪽에 있기 때문에 입장권을 따로 팔지 않는다. 원림박물관은 이 사진의 왼쪽에 있다. 사실 졸정원 그 자체가 원림박물관이라 하겠다.

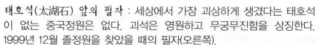

태호석(太湖石) 앞의 필자 : 세상에서 가장 괴상하게 생겼다는 태호석이 없는 중국정원은 없다. 괴석은 영원하고 무궁무진함을 상징한다. 1999년 12월 졸정원을 찾았을 때의 필자(오른쪽).

라고 하였다. 그러니까 원림박물관은 졸정원의 출구쪽에 있기 때문에 졸정원을 먼저 본 감격을 가지고 원림박물관을 보라는 뜻이었다. 그래서 그렇게 했고 감개무량했다.

원림전제(專題)박물관인 이곳에는 소주원림의 건축·역사·조경·발전상황 등이 완벽하게 설명문(중국어와 영어)·사진·모형·문헌·도표·그림 등으로 안내되고 있어 필자는 1시간이상 머물렀다.

1992년 9월에 개관한 이곳은 고건축물의 내부만 개조하였는데 크기는 1천3백여㎡이다. 소장품은 고가구·건축구조물·조각품·서화·현판·와당·석각·고서·비각(碑刻)탁본·사진 등 2천2백여점이다. 전시실은 원원청·원사청·원취정·원야청(園原廳·園史廳·園趣廳·園冶廳)등 넷으로 나눠져 있다.

원원청은 모형·천연색사진·소상(塑像) 등을 가지고 원림을 만든 기술·원림에 관한 저서·도록과 자료등을 설명한 전시실이다. 또 園자의 구성과 명칭에 대한 설명도 자세히 있다. 그리고 졸정원외의 소주명원(名園)의 자세한 소개도 눈에 띈다.

원사청은 소주원림의 2천년역사를 자세히 소개한 전시실이다. 즉 원포궁관(苑圃宮館) 사환장원(士宦莊園) 은일처소(隱逸處所) 사가원림(私家園林)으로 변화 발전한 모습을 자세히 보여주고 있다. 말하자면 소주원림건축사인 셈이다.

원취청은 원림건축의 풍모와 정황을 설명하고 있는데 특히 타국(한국·일본 등)에 어떤 영향을 주었는가를 보여주고 있다. 또 소주원림의 문화적우월성도 자랑하고 있다.

원야청은 이론·기술·예술 등 여러 각도에서 조원요소와 조원예술을 평가한 전시실이다. 돌·물·꽃·나무·건물 등이 원림의 5대 요소임을 밝히면서도 소주원림은 이것들을 단순히 모아둔 곳이 아니라 제2의 자연을 예술적으로 창조한 것임을 강조하였다. 즉 조원대사(造園大師)가 자연의 아름다움·중국전통문화의 독특한 문화의 취·중국인의 인생관과 심미관 등을 표현한 것임을 강조하였다.

　　이 원림박물관을 자세히 관람하면 소주의 원림문화가 문자에서 뜻으로·어제에서 오늘로·점에서 면으로·이론에서 실천으로·소주에서 강남으로·중국에서 세계로 퍼져 나가고 있음을 깨닫게 된다.

　　전라도의 소쇄원이나 강원도의 열화당을 보고도 느끼지 못했던 문화의 우월성이라는 문제를 가슴 가득히 안고서 소주원림박물관을 나왔다. 또 중국문화의 거대성·완벽성·치밀성·섬세성·화려성 등에 대해서도 깊은 생각을 하게 되었다.

10
소주민속박물관
(蘇州民俗博物館 : 쑤저우민쑤뽀우꽌)

명청(明淸)시대에 지은 옛 건물의 가택(家宅)과 사당(祠堂)의 내부를 개조한 후 1986년 11월 소주건성(建城) 2천5백주년을 기념하며 개관한 소주민속박물관(소장품은 7천여점)은 도시민속위주의 독특한 박물관이다. 주로 절령(節令)민속 · 혼속(婚俗) · 음식민속 · 복식민속 · 주방건축(住房建築)민속 · 어민습속(習俗)등을 실물 · 사진 · 모형 · 문헌 등을 통하여 전시하고 있다. 전시실은 혼 · 수 · 식속청(婚 · 壽 · 食俗廳)등 셋으로 나뉘져 있다.

혼속청은 청나라 말기 소주중산층가정의 전형적인 혼례풍속을 보여주는 곳이다. 뜰 안에서 벌어지고 있는 결혼식장면이 재현되어 있다. 꽃가마(花轎)의 화려한 모습이 눈부시다. 꽃가마에 조각한 각종 꽃무늬 · 화려한 수실 · 용등 · 춤추는 사자조각 등이 곱기도 하고 무섭기도 하다. 또 주변의 각종기물과 복식 그리고 식품 등도 많

소주민속박물관 입장권 : 중국문화유산 관람료 가운데 싸고(4원) 입장권의 크기도 작은(3.3×10.8㎝) 곳이다. 소장품 7천여점을 혼속(婚俗) · 수속(壽俗) · 식속(食俗) 등으로 나눠 전시하고 있다.

다. 건륭황제(1736-1795)때 소주화가 서양(徐揚)이 소주의 화려한 모습을 그린 고소번화도(姑蘇繁華圖, 1759년작, 36×124.3㎝, 종이에 채색)와 성세자생도(盛世滋生圖) 등을 참고하여 자세히 재현하였다.

　수속청은 소주의 전형적인 수당(壽堂)을 재현한 곳이다. 5복(福) 가운데 제일인 오래 사는 것(壽)에 대한 인간의 욕망을 볼 수 있는 곳이다. 즉 중국인의 중수(重壽)관념을 볼 수 있는 곳이다. 엄숙하면서도 화려한 축수(祝壽)연회장의 모습이 독특하다. 팔선수자 · 팔선혁사수련(8仙壽字 · 8仙革絲壽聯) 등도 특이하다. 식속청은 소주음식문화를 자랑한 곳인데 吃在蘇州(먹는 것은 소주에서)라는 말을 실감할 수 있게 하는 곳이다. 소주에서 이름난 음식을 모두 만들어 (모형으로) 진열하여 입맛을 돋구게 하였다. 또 음식을 만드는 각종 도구와 가구를 갖춘 주방도 재현해 놓았다.

　또 소주에서 유명했던 음식대가 주소보(周少甫)의 실물유물(음구 · 찬구 · 주방용품 등 온갖 진품)도 전시하고 있어 재미있다.

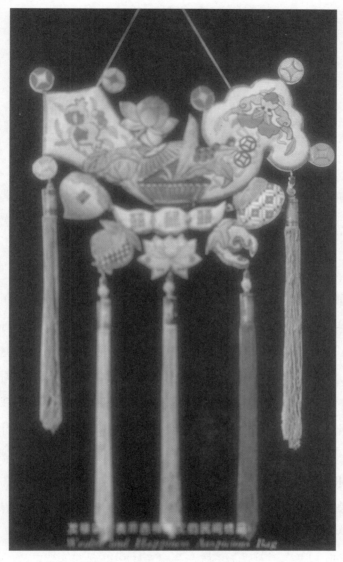

소주민속박물관선전지 : 이 박물관은 소주 건성(建城) 2천 5백주년을 기념하며 1986년에 개관했는데 도시민속을 위주로 하고 있다. 20.8×28.5 ㎝ 크기의 선전지에 15개의 사진을 넣어 간략히 소개하고 있다.

11

사자림

(獅子林 : 쓰즈린)

　졸정원 길(원림로) 건너에 있는 사자림의 넓이는(14畝) 졸정원(60畝)의 4분의 1정도이지만 짜임새 있는 포국(布局)·기기묘묘한 가산(假山)·여러가지 모습의 석사자(石獅子)·문천상비정(文天祥碑亭)·건륭황제의 어비정(御碑亭) 등으로 유명한 원림이다. 그래서 獅子林以太湖石假山聞名全國(사자림은 태호석으로 만든 가산으로 전국에 이름을 떨친다)이라는 말과 奇石甲天下(기묘한 돌은 세상에서 제일이다.)라는 말을 듣고 있다.

　원(元)나라 지정(至正) 2년(1342)에 천여선사(天如禪師)가 스승인 중봉(中峰)선사를 위하여 절(師子林菩提正宗寺)을 짓고 절강성 천목산 사자정종선사(獅子正宗禪寺)에 있는 스승을 이곳으로 모셔온 이후부터 이곳은 사자림(獅子林 또는 師子林)이라 하게 되었다.

　가산왕국(假山王國)이라는 말도 듣는 이곳의 괴석은 앉아있는 사

사자림(獅子林) 입장권 : 못 가운데에 있는 호심정(湖心亭)은
곡교(曲橋)를 통해 들어가고 나오게 되었다. 2평정도 되는 날아
갈 듯한 6모정이다. 사자림의 핵심부분이라고도 할 수 있다.

자 · 엎드려 있는 사자 · 잠자는 사자 · 울부짖는 사자 · 서로 싸우는
사자 · 작은 짐승을 잡아먹으려는 사자 등의 모습이어서 기운이 생
동하고 형신(形神)을 겸비하고 있는 듯 하다. 그리고 갖가지 석봉 아
래에 있는 동굴과 골짜기 · 그 사이사이에 있는 대나무숲 · 여기저
기 적당한 간격을 두고 있는 아름다운 건물들(방장실 · 선방 · 법
당 · 비정 · 누각 등)은 교향악을 연주하고 있는 듯 하다. 그리고 갖
가지 작은 꽃과 나무들(매화나무 · 잣나무 등)은 옥감지(玉鑒池)와
소비홍(小飛虹)과 어울려 12경(景)을 이루고 있다.

　화가들도 이곳을 많이 그렸는데 주덕윤(朱德潤, 1294-1365) 예찬
(倪瓚, 1303-1374) 서분(徐賁, ?-1403) 등이 사자림도를 남겼다.
주덕윤의 작품은 실전(失傳)되었으나 예찬과 서분의 작품은 지금까
지 전해지고 있다.

이곳도 正宗寺 · 竝恩寺 · 獅林寺 · 陟園등으로 이름도 바뀌고 · 주인도 바뀌고 · 성쇠를 거듭하였다. 물론 청나라 강희와 건륭 두 황제는 남순(南巡)때마다 이곳에 들렸고, 건륭황제는 다섯 번이나 왔었다. 그리고 그는 이곳 경치를 읊은 시 10수(首)도 짓고 眞有趣(정말 재미있다) 라는 글씨도 써 남겼기 때문에 지금도 眞趣亭이 있다. 또 건륭황제는 북경 북쪽 승덕(承德)에 있는 피서산장(避暑山莊)안에 사자림을 모방한 장춘원(長春園)을 만들기도 하였다.

다른 원림을 볼때도 그랬지만 필자는 사자림을 관람하면서는 섬세한 기하학적인 문양의 꽃길(花街) · 크기와 모양이 다 다른 담장 곳곳에 뚫린 누창(漏窓) · 길이와 폭과 장식이 다른 곡랑(曲廊)등에 매료되고 말았다. 한 마디로 기가 막힌 인공(人工)의 미(美)랄까 장난(作亂)이랄까. 자연미를 최

사자림의 회랑(回廊) : 수죽각(修竹閣)과 쌍향선관(雙香仙館) 사이에 있는 회랑 위에는 등나무꽃이 화사하게 핀다. 이곳에서는 건너편의 괴석들과 비정(碑亭)을 볼 수 있다.

151

사자림 구내안내도 : 34×37.5㎝ 크기의 안내도에는 안내문과 건물·못·괴석 등의
배치가 자세히 있다. 이곳의 괴석은「기묘한 돌은 세상에서 제일이다」라는 말을 듣고
있다.

指柏轩

园

林

路

卧云室

小方厅

燕誉堂

阁

立雪堂

大门

대한으로 살리는 한국미술의 특징과 인공미를 최대한으로 발휘하는 중국미술의 특징을 대비할 수 있는 곳이 이런 원림일 것이다.

여기서 다시 한번 더 중국원림 양식의 원칙에 대하여 정리하면 다음과 같다.

첫째, 도시설계와는 달리 직선과 대칭을 피한다.

둘째, 통로 또는 꽃길(花街)과 이에 따른 전망을 피한다.

셋째, 어떤 것(건물·가산·꽃밭 등)이라도 시선이 관통되어 보이는 것을 피한다.

넷째, 개성을 표준화하거나 강조하는 것을 피한다.

다섯째, 가산을 만들고, 괴석을 배치하고서 물을 끌어들인다.

여섯째, 한 폭의 그림이 아니라 연속적이어야 하며 보다 넓은 경관 속으로 배회하거나 산책하는 경험을 재생시켜 주어야 한다.

일곱째, 자연을 지배하는 인간이 아니라 자연 속에서, 자연과 더불어 살며, 자연으로 돌아가는 인간이기 때문에 인간은 집·오솔길·다리·산·물 등과 함께, 즉 가장 자연스러운 풍경 속에 있어야 한다.

여덟째, 건물과 자연이 따로 있는 것이 아니라 하나로 통합·조화되어야 한다. 다시 말하면 건물이 자연을 지배하거나 자연이 건물을 통제해서는 안 된다.

중국미술사가 오스발드·시랜(Osvald Siren, 1879-1963)은 중국미술에 관한 14종 30책의 방대한 저술을 남겼는데 그는 그의 책(Gardens of China, Ronald Press, New York, 1949)에서 극찬한 것처럼 자기 집을 중국원림처럼 꾸미고 살았다.

사자림에서 좀 더 자세히 볼 곳은 燕譽堂(重修獅子林記를 읽어 볼 것) 九獅峰(사자들의 모습과 누창) 花籃廳(실내의 호화로운 장식물들) 眞趣亭(잘 지은 건물과 건륭황제의 글씨) 暗香疏影樓(누각과 그 아래의 동굴) 湖心亭(강남정자 양식의 표본) 文天祥詩碑亭(1236-1286, 애국시인의 시와 글씨) 乾隆詩碑亭(遊獅子林 시·5언시 32행) 回廊(갖가지 모양으로 뚫린 누창) 등이다.

여담이지만 한국에 온 중국관광객이 한결같이 말하는 것은 한국에서는 볼 곳도 별로 없고, 먹을 음식도 마땅치 않다는 것이다. 크고 세밀하고 화려한 것만 보고, 지지고 볶고 튀긴 기름진 음식만 먹는 그 사람들에게 우리는 무엇을 어떻게 보여주고 먹도록 할까도 큰 문제다. 중국을 가는 한국관광객은 1백만명이 넘고, 한국으로 오는 중국관광객은 50만명이 넘었는데——.

12

소주희곡박물관

(蘇州戲曲博物館 : 쑤저우시쥐뽀우꽌)

일간신문사에는 편집국 · 공무국 · 업무국 · 광고국 등의 부서가 있고, 편집국에는 정치부 · 경제부 · 사회부 · 문화부 · 체육부 등의 부서가 있다. 신문사안에서의 중요성이나 규모로 보아서도 대개 이런 순서와 서열이 지켜진다. 정부의 부서도 대략 이런 순서와 서열이 있는 것으로 안다. 그래서 일반인들은 신문기자를 대할 때도 정치부기자와 문화부기자를 다르게 보려고 한다. 말하자면 차별을 둔다는 얘기다. 정치부기자를 더 세게 · 두렵게 · 무게 있게 보고 문화부기자를 약하게 힘없게 보려는(본다는)말이다. 필자가 한국일보의 문화부기자를 할 때(벌써 35년 전 일이지만)도 그런 느낌을 피부로 느끼면서 지냈으니까 잘 아는 사실이다.

그러나 지금은 달라지고 있고 달라져야 한다고 생각하고 · 주장하고 있다. 결론부터 말하면 문화가 중요하다는 얘기다. 문화는(개개

票价·3元

소주희곡박물관 입장권 : 전통문화는 민족의
발전과 번영을 이루는 핵심요소가 되고 민족
의 정체성을 확립·홍보하는 근간이 되고 있
다. 이곳에서도 그런 것을 느꼈다. 특히 연극
무대인 희대(戱台)에서 그랬다.

소주희곡박물관 중앙부 : 화려하고 섬세한 건축미의 실내가 아닌 실외에 있는 관람석이 독특한 이곳은 중국 각지에 있는 희곡박물관 중에서도 빼어난 곳이다. 유물도 1천여점 전시되어 있다.

민족의 전통문화는) 그 민족의 발전과 번영을 이루는 핵심요소가 되며 정치나 경제보다 민족의 정체성을 확립·홍보하는 근간이 된다는 주장이다. 다시 말하면 문화적 가치가 민족과 인류의 발전을 결정한다고 하겠다.

　필자가 부끄럽고 보잘 것 없지만 뜻을 세우고(立志) 넓고 넓은 중국 땅을 헤집고 다니고, 깊고 오묘하면서도 찬란한 문화유산을 살펴보고 기록한 것도 중국의 전통문화가 오늘의 중국을 만들었다고 믿었기 때문이다. 만약에 천하의 가운데에서 빛난다는(中華) 유구한 문화가 없었다면 눈부시게 발전하는 경제발전이나 생활수준의 향상이 있었을까. 중국인들이 5천년 전에 문자를 만들고, 4천년 전에

상거래를 시작하고, 3천년 전에 사상을 확립하고, 2천년 전에 문자해설사전을 만들고 또 관리등용제를 만드는 등 탁월한 문화역량을 보여주었기 때문에 사회주의정치제도 안에서 행한 개혁개방 20여 년만에 오늘의 경제적 발전을 이룰 수 있었던 것이다. 나에게 있어서 중국·중국인·중국문화는 두려운 존재다. 알면 알수록 겁이 나는 상대다. 도저히 낮춰 볼 수도 없고 깔볼 수도 없는 실존이다.

세계문화유산인 유명한 원림(즉 정원) 졸정원 길 건너 가까운 곳에 있는 소주희곡박물관(㒖晉會館, 산서성출신 상인들이 세웠기 때문에 전진회관이라고도 했다.)을 찾아갔을 때 중국인들의 전통문화를 아끼고 보존하려는 뜨거운 열기를 느꼈다. 8월의 끝비가 지척지척 내리는 을씨년스러운 오후였지만 열심히 안내하는 50대 안내원과의 대화는 진지했다. 강남사람이었지만 뻬이징화(北京話, 흔히 普通話라고 한다. 표준말이다.)를 잘 해서 좋았다. 투위(土語, 사투리)를 쓰면 알아들을 수 없는 것이 필자의 약점이다.

소주희곡박물관이 다른 곳(천진과 북경 등)의 희곡박물관과 다른 점은 관람석이 뜰(즉 마당)에 있다는 점이다. 천진(1907년에 세운 廣東會館 즉 희곡박물관)과 북경(1807년에 세운 湖廣會館 즉 희곡박물관)의 회관(영어로는 세 곳 다 Guild Hall이라 했다.)은 연극무대와 관람석이 큰 건물 안에 있었는데 소주는 안마당(中庭)에 있는 것이 특이했다. 물론 세 곳 다 고향을 떠나 타향에서 장사로 돈 번 상인들(천진은 광동출신상인들, 북경은 호남성과 광동성출신 상인들, 소주는 산서성출신 상인들)이 세운 점은 같다.

소주희곡박물관은 1986년에 개관한 후 곧 강소성문물보호단위가 되었다. 2층 목조기와지붕의 건축물은 호방한 북방양식과 화려영롱한 강남양식을 절충하였기 때문에 독창성을 지니고 있었다. 또 객석의 둥근 상이나 둥근 의자도 다 석재(대리석)여서 품위가 있었다. 울긋불긋한 단청으로 장식한 무대(戲台)는 화려하면서도 기품이 넘쳤다.

소주지방의 희곡(昆曲·昆戲라고도 함) 관계유물(1천여점)도 진열실에 잘 진열되어 있는데 무대의상·악보·전적·도서·연창각본·연출사진·녹음기와 음반·신문기사·악기(48종) 등이었다.

이곳에서도 아쉬웠던 점은 찾아오는 사람이 적고(특히 중국청소년들) 일년에 몇 차례밖에 공연을 하지 않는다는 안내자의 쓸쓸한 여담이었다. 그러나 전통문화 지킴이의 자세가 의연하여 좋았다.

13
이원
(怡園 : 이위엔)

1875년 (청 광서 1년) 고급관리였던 고문빈(顧文彬)의 개인화원으로 조성된 이원은 논어의 兄弟怡怡(형제가 서로 즐거워하다는 뜻)에서 이름을 따왔는데 전형적인 강남신환원택(江南紳宦園宅, 양자강 남쪽에 있는 고급관리의 주택 겸 정원)이라는 말을 듣고 있다.

지금 이원의 동쪽은 본래의 명나라 때의 예부상서(禮部尙書)벼슬을 한 오관(吳寬)의 주택지였고, 서쪽은 고문빈이 땅을 사 확장한 곳이다. 이때의 주인은 화가 임훈(任薰, 1835~1893)을 비롯한 소주화가들의 도움을 받았고(전체적인 구성과 각 요소들의 배치 등) 8년이라는 공사기간과 은 20만 량이라는 거금을 들였다.

이원은 이렇게 소주에 있는 많은 원림 가운데 제일 늦게 만들어졌기 때문에 다른 원림의 장점을 취합하였다. 즉 복랑(複廊)은 창랑정의 복랑을, 가산동학(假山洞壑)은 사자림 것을, 연못(荷花池)은 망사

이원(怡園) 입장권 : 즐거운 정원이라는 뜻의 이원
은 강남 신환원택(紳宦園宅, 고급관리의 주택 겸 정
원)의 전형이라는 말을 듣고 있다. 소주원림 가운데
제일 늦게 만들었다. 표값은 4원.

이원 입구 안 모습 : 한 평생을 살면서 꿈꾸는 곳,
즉 가장 살기 좋은 이상향(理想鄕)이 있기 마련인데
이곳 이원이 바로 그런 곳 같았다. 꿈도 야무지다고
할지 몰라도 이런 곳에서 여생을 보내고 싶다.

163

원 것을, 가산은 환수산장 것을, 조선(旱船 또는 畵舫 이라 함)은 졸정원의 향주(香洲)를 모방하거나 따랐다. 그래서 이원의 규모는 작지만 더 아름답고 아기자기 하다.

이원의 동부와 서부는 긴 복랑으로 연결되어 있는데 낭장(廊墻)벽에 뚫려 있는 누창(漏窓)은 참으로 도안도 각기 다 다르고, 누창을 통하여 보는 경치도 다 다르고, 누창도 영롱수미(秀美)하여 얼이 빠질지경이다.

동부는 정원청당(庭院廳堂)을 위주로 하여 호석(湖石)을 배치하고, 황장미 등 꽃나무를 심었으며, 서부는 산도 있고 물도 있어 거닐기도 하고 머물 수도 있게 되었다.

동부의 작은 뜰을 지나면 옥연정(玉延亭)이 있는데 이곳엔 명나라 말엽의 서화가 동기창(董其昌, 1555-1636)의 시비(詩碑)가 있어 읽어볼 만 하다.

옥연정을 지나면 소쇄정(瀟洒亭)이 있고 그 옆에는 대나무 숲이 있어 눈을 시원하게 해주고 있다. 대숲(竹林)안에는 천안천(天眼泉)이라는 작은 샘도 있다. 이 샘의 맑은 물로 좋은 차를 끓여 마시면서 벗들과 놀면 바로 죽림칠현(竹林7賢)이 되는 것이다. 회랑을 따라 다시 남쪽으로 가면 주청(主廳)이 나오는데 주청은 파금선관(坡琴仙館)과 석청금실(石廳琴室)로 나뉜다. 그 다음으로는 배석헌(拜石軒) 등이 있고 주변엔 잣나무와 소나무 등이 있다.

서부는 동부보다 더 아름다웠다. 산·못·숲·집 등이 잘 어울려 선경(仙境)을 이룬 듯 하였다. 곡교(曲橋) 사면청(4面廳) 원앙청(鴛鴦廳) 하화청(荷花廳) 매화청(梅花廳) 월색헌(月色軒) 면벽정(面壁亭)

모란청(牡丹廳) 옥홍정(玉虹亭) 등이 잇대어 있어 관람자를 이상향
(理想鄉)으로 유도하는 듯하다. 그리고 낭벽(廊壁)마다 수많은 서예
가들의 글씨가 새겨져 있어서 이원법첩(怡園法帖)이라는 별명도 듣
고 있다.

14

소주비각박물관
(蘇州碑刻博物館 : 쑤저우삐이커뽀우꽌)

　인류의 역사를 선사시대와 역사시대로 구분하는 기준은 문자(文字)이다. 즉 문자(글)로 기록하기 시작한 시대를 역사시대의 시작으로 보는데 동양에서는 중국이 제일 먼저(약 5천년전)시작하였다. 즉 뼈(소와 거북 등) 돌(碑와 碣) 구리(靑銅器) 나무와 대의 쪽(木簡과 竹簡) 종이와 비단(紙와 絹)등에 새기고 썼다. 물론 짐승과 자연 등을 보고 모양을 본따 만든 문자(象形文字)였는데, 그 모양도 여러 가지로 변하면서 다양해졌다. 즉 고문자 · 전서 · 예서 · 해서 · 행서 · 초서(古文字 · 篆書 · 隷書 · 楷書 · 行書 · 草書)등 6체(體)를 갖추게 되었고, 각 서체를 잘 쓰고 창작한 서예가(중국은 서법가 · 서가라 부른다)는 수 천명이나 된다.

　중국 역대 서예가들의 글씨를 모아 둔 곳을 비림 · 비림박물관 · 비각박물관 (碑林 · 碑林博物館 · 碑刻博物館)이라 하는데 중국에는 소주비각박물관 입장권 : 비각박물관은 비림·비림박물관 이라고도 하는데 중국서예사(또는 서법 예술사)를 한눈으로 볼 수 있는 곳이다. 즉 중국문자가 6가지 모양으로 어떻게 변화발전 하였는가를 알 수 있는 곳이다.

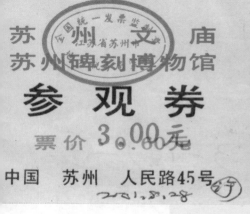

167

평강도(平江圖) 석각탁본(石刻拓本) : 평강은 소주의 옛이름인데 이 탁본은 1247년에 돌에 새겨 만든 것(198×135cm)을 먹물로 찍어 낸 것이다. 즉 소주성의 성시평면도(城市平面圖)이다.

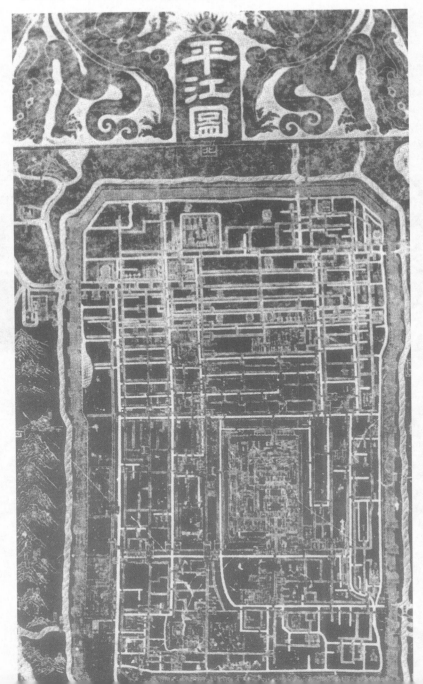

이런 곳이 거의 큰 도시마다 있다. 필자가 찾아가 본 곳은 북경·서안·성도·남경·상해·항주·소주 등이었다. 옛날의 문묘(文廟, 孔子廟)에 있었는데 유물은 건물안과 건물 밖 넓은 뜰에 수 백 또는 수 천 점씩 전시하고 있었다.

참관권(지난해초까지는 0.6위엔이었으나 곧 3위엔으로 입장료가 올랐다.)에도 蘇州文廟와 蘇州碑刻博物館이라고 함께 인쇄되어 있는 이곳은 소주시 인민로 45호에 있다. 소주에서는 인민로가 가장 번잡한 거리인데 남북으로 곧게 뻗어있다. 북쪽엔 평문(平門, 平江門)이 있고 남쪽엔 남문(南門)이 있어 옛 소주의 중심가로임을 알 수 있다. 그래서 이 인민로의 동서 3km 이내에 동쪽으로는 북사탑·소주박물관·원림박물관·졸정원·사자림·민속박물관·희곡박물관·쌍탑·망사원·창랑정 등이 있고, 서쪽으로는 당인독서처·환수산장·이원·창원·비각박물관(문묘)·서광탑 등이 있다. 물론 백화점과 쇼핑센터도 밀집되어 있다. 소주의 문묘는 북송 경우원년(景祐元年, 1034)에 세워졌는데 넓은 부지(1만5천㎡중 6천2백㎡만 개방)에는 현재 대성문·숭경사·반지·명륜당 등 명나라 때의 건물만 남아 있다. 비각박물관은 1985년에 개관하였다.

소주비각박물관의 소장비각은 1천3백여 방(方)인데 이 가운데 명비(名碑) 소주공상경제비각(工商經濟碑刻) 평강도(平江圖, 옛소주지도의 석각) 천문도(天文圖) 지리도(地理圖) 제왕소운도(帝王紹運圖) 등이 유명하다. 진열은 공자문화석각자료진열·역대서법예술석각진열·청대소주공상경제비각진열·고대소주농업경제비각진열·천문도·지리도·제왕소운도·평각도비각진열·유학비각진열 · 도상비각진열 등으로 구분되어 있다. 이 가운데 유명한 것을 자세히 보면 다음과 같다.

천문도는 소주에서 전해오던 옛 원도각석(源圖刻石)을 기본으로 하여 남송순우(淳祐) 7년(1247)에 황상(黃裳)이라는 천문학자가 새긴 현존 최고의 별자리그림(星象測繪圖, 1449개의 별이 새겨져 있는 석각판)인데 2천여자의 해설문도 있다.

지리도 역시 황상이 같은 해에 제작한 것인데 전국지도이다. 역시 소주에 전해오던 원도각석을 참고하여 만든 비이다. 이 지리도는 서안에 있는 화이도 · 우적도(華夷圖 · 禹積圖) 등과 함께 현존중국 최고(最古)의 3대 전국지도이다.

제왕소운도는 중국고대제왕의 세계표(世系表)이다. 소운(紹運)은 승상계하(承上繼下, 위로부터 이어받아 아래로 내려줌)라는 뜻이다. 역시 황상이 같은 해(1247)에 만든 것이다. 3천 5백여년간(皇帝로부터 南宋 理宗까지)의 247개 제호(帝號)가 새겨져 있다.

평강도는 남송 평강부(平江府, 소주의 옛이름)의 성시평면도(城市平面圖)이다. 이 석각성시도는 중국에서 제일 오래되고 제일 완벽한 도시평면도인데 7백여년전(1247년 제작)의 소주시 도시설계도인 셈이어서 매우 귀중한 역사자료이다. 크면서(198×135㎝)도 잘 보존되어 있다.

이 문묘의 극문(戟門)과 대성전(大成殿)사이에는 동서양쪽에 긴 비랑(碑廊)이 있다. 여기엔 공상경제비각 140방(方)을 비롯한 많은 비각(碑刻, 완전한 것과 반파된 것 등)이 진열되어 있다.

15
창랑정
(滄浪亭 : 창랑팅)

소주의 공인문화궁(工人文化宮, 노동자회관)근처 창랑정가 3호에 있는 창랑정을 들어가려면 동쪽 길가에 있는 매표소에서 입장권(8위엔)을 산 후 돌다리(15m 정도)를 건너 대문으로 들어가야 한다. 지금은 입구의 수로가 제방을 쌓고 정비되어 있지만 옛날의 滄浪亭圖(청나라때 만든 石刻圖)를 보면 수로가장자리 언덕에는 버드나무가 많이 있고 그 위 높은 언덕에 회랑과 대문이 있는 것으로 되어 있다.

소주의 한산사가 장계(당나라때 시인, 생졸년은 모름)의 시 한 수(楓橋夜泊) 때문에 유명해졌다면, 북송때 귀족시인인 소순흠(蘇舜欽, 1008-1049)이 관직에서 물러나 은거하기 위해 오대(5代) 때 광릉(廣陵, 현재의 양주)왕이었던 전원료(錢元燎)의 화원을 사들여(1044년) 연못가에 가산을 쌓고 집을 지은 후 굴원이 지은 초사(楚

창랑정 입구의 석곡교(石曲橋) : 중국인들이 미술품을 만들 때는 할 수 있는 기(技)와 교(巧)는 다 발휘한다. 그것도 완벽하고 섬세하면서도 화려하게 한다. 입구의 다리와 문도 그렇다.

辭) 어부(漁父)의 시구를 따서 창랑정(滄浪亭)이라는 정자이름을 지은 데서 비롯되었다.

소순흠이 4만전(錢)이나 들여 창랑정을 잘 꾸미고, 滄浪亭記와 答韓持國書 등의 글을 썼지만 3년후에 병으로 세상을 떠나고 말았다.

소순흠이 죽은 후 창랑정은 章씨와 龔씨 등을 거쳐 절(묘은암과 대은암)과 사당으로 변했다가 다시 1546년(가정25)에 중건되었다. 그리고 1695년(강희 34)에 또 다시 크게 중건하고 문징명이 쓴 滄浪亭이라는 글씨를 구해 현판을 만들어 걸었다. 이후 건륭·도광·동치 세 황제 때도 계속 수리하고 더 지어 창랑정을 아름답게 하였다.

창랑정 취영롱관(翠玲瓏館)의 내부 : 이곳의 많은 문과 창살을 자세히 살펴보면 중국인들이 얼마나 멋을 좋아하는 가를 알 수 있다. 의식주가 다 그렇다고 할 수 있다.

1927년에는 안문량(顔文樑)이라는 사람이 이곳에 소주미술전문학교를 세우기도 하였다. 1949년부터는 국유화되었고, 지금은 소주시 원림관리국에서 잘 관리하고 있다.

창랑정은 소주의 다른 원림과는 달리 높은 담으로 둘러싸이지 않았고 비교적 높은 곳에 있기 때문에 밖에서 (물론 水路 밖에서) 안의 경치를 어느 정도 볼 수 있다. 북향으로 있는 원문(園門)을 들어서면 가산과 장랑(長廊, 가운데 연못을 둘러싸고 있는)이 있고, 그 남쪽으로는 5백명현사(賢祠, 2천년 소주역사상 유명한 인물 549명의 화상을 벽에다 조각하여 둔 사당) 명도당(明道堂, 학문을 강론하던 집)

청향관(淸香館) 간산루(看山樓) 등이 곳곳에 있다. 물론 강희어비(康熙御碑)를 비롯하여 건륭과 도광의 어비도 있다. 또 흥미로운 것은 창랑정 원림의 주건물인 명도당의 맞은 편 남쪽에는 희대(戱台, 연극무대)도 있어 각종 놀이를 관람 할 수도 있다. 그리고 약간 높은 가산 위에 있는 아름다운 2층집 간산루를 오르는 길은 양쪽에 대나무 숲이 있어 필자를 더욱 즐겁게 했다.

창랑정은 경치도 경치지만 꽃담(花墻)과 그 윗쪽의 꽃창(즉 漏窓)은 원림 안팎의 경치를 교류시키면서 변화무쌍한 도안(디자인) 때문에 사람을 취하게 한다. 이 누창들은 중국원림 누창의 전범(典範)이 된다는 말을 들을 정도로 아름답다.

이렇게 아름다운 창랑정(전체넓이 16여 畝)은 강희황제때부터 관

창랑정(滄浪亭) 입장권 : 중국의 거의 모든 궁궐이나 원림은 높은 담장으로 둘러싸여 있는데 창랑정은 그렇지 않아서 더 아름답고 더 친근감이 든다. 폭15m 정도의 수로 건너편에 있다.

청연회장으로 사용되었다. 그래서 어서비(御書碑)와 중수비(重修碑)가 다른 원림보다 많다. 이런 이유들 때문에 창랑정을 관서원림(官署園林)이라고 하는 사람도 있었다.

필자가 창랑정을 관람하던 날은 우연히 만난 미국인 교수와 함께 몇 시간을 다녔는데 그 역시 소주의 몇 곳 큰 원림보다 창랑정이 훨씬 더 아름답고, 자연스럽고, 산수의 묘함을 보여 준다면서 칭찬을 아끼지 않았다. 필자가 소주에 있는 원림을 많이 소개하고 가 보았지만 시간에 쫓기고 흥미가 덜한 관광객은 두세 곳, 즉 졸정원·유원·창랑정 등만 보아도 좋을 것이다. 그러나 졸정원을 보고 나오면서는 꼭 원림박물관을 봐야 한다. 그래야 공부도 되고 유식해지니까——.

16

망사원

(網師園 : 왕쓰위엔)

전체 넓이가 0.6㎢에 불과한 작은 원림인 망사원은 작지만 아기자기하고, 세밀하고, 아름다우면서도 쾌적한 정원이다. 남송시대 순희(1174-1189)초년 예부시랑이었던 퇴역관리 사정지(史正志, 揚州사람)가 세우고 만권당(萬卷堂) 어은(漁隱)이라 이름을 지었다. 책을 읽으며, 낚시를 하며 숨어산다는 뜻이다. 청나라 건륭황제 (1736-1795) 때 역시 퇴역관리였던 송종원(宋宗元)이 구입한 후 망사원(網師園)이라고 이름을 바꿨는데 낚시꾼의 정원이라는 뜻이다. 물론 건물도 더 많이 짓고 정원도 더 잘 꾸며 오늘의 모습을 갖췄다. 그 후 여러 번 주인이 바뀌기도 하였다. 따라서 이 망사원은 소주에서 청대원림건축의 대표가 되고 있다.

소주사람이나 외지사람은 모두 망사원이야말로 포국(布局)이 잘 짜여져 있고, 건축이 정치영롱(精致玲瓏)하며, 작은 가운데에서 큰

망사원(網師園) 입장권 : 전체 넓이가 0.6㎢에 불과하지만 아기자기하고, 세밀하고, 아름다우면서, 쾌적한 원림이다. 세계 문화유산이기도 한 이곳의 건물이름도 아름다웠다.

것을 볼 수 있다고 칭찬한다. 그래서 세계문화유산에 들었는지도 모른다. 소주시는 1990년부터 이곳을 야간개방하고 있는데 달 밝은 밤의 경치는 정말 아름답다고 한다. 특히 월도풍래정(月到風來亭, 달 뜨고 바람 부는 것을 즐기는 정자, 연못의 서쪽에 있는데 부채꼴 처럼 생겼다.)에 앉아서 못속에 빠진 달구경을 하는 것은 별스러운 맛이 있다고 한다. 필자는 이 월도풍래정에 앉아 잠시 쉬면서 옛 글 한 편을 생각했다.

　　文似春天雨後之花(문사춘천우후지화)
　　心如雪夜潭中之月(심여설야담중지월)

전체적인 뜻은「글은 봄날 비온 뒤의 꽃처럼 아름다워야 하고, 마

망사원의 중앙 연못 : 낚시하면서 한가롭게 은거하는 선비의 정원이라는 뜻의 망사원에서 가장 아름다운 곳이다. 특히 월도풍래정(月到風來亭, 사진에서 보이는 정자)은 더욱 그랬다.

음은 눈온 밤 못속의 달처럼 맑아야 한다.」는 뜻이다. 아주 좋은 멋진 글이라 여기고 오래도록 기억하고 있는 문장이다. 어느 선비의 글방에서 一中선생이 쓴 글씨를 본 적이 있어 더욱 기억이 새로웠었다.

  망사원의 전체적인 구도(포국)은 남쪽에 대문 · 북쪽에 후문 · 동쪽에 주택 · 서쪽에 정원 · 연못(中園)둘레에 회랑을 둔 형식으로 되어 있다. 대문으로 들어 가 후문으로 나오기까지의 관람순서는 다음과 같다. 시간은 1~2시간 걸린다.

大門 → 淸能早達 → 萬卷堂 → 擷秀樓 → 五峰書屋 → 集虛齋 → 竹
林一枝軒 → 看松讀畵軒 → 月到風來亭 → 冷泉亭 → 涵碧泉 → 濯纓
水閣 → 雲岡 → 小山叢桂軒 → 射鴨廊 → 雲窟 → 梯雲室 → 後門

이런 건물 가운데 잘 생기고 멋진 이름을 가진 것은 竹林一枝軒
(대나무 숲으로 둘러싸여 있으면서도) 看松讀畵軒(8백년이나 오래
된 백송나무를 보면서 그림 감상을 하는 집이다) 月到風來亭(이름과
생김새에 취한다) 梯雲室(구름나라로 올라가는 사다리방) 등이었다.
또 雲岡(태호석으로 만든 가산이다. 괴석을 雲根이라고도 하는 이유
를 알 수 있다.)과 雲窟(태호석으로 만든 인공굴인데 구름굴이라 했
다.) 멋을 아는 선비가 멋스럽게 지은 이름들이다.

꿈과 돈이 있고, 이것을 뒷받침 해주는 건축기술이 있어야 가능한
일이지만 이런 집에서 살면서 벗들과 학문을 논하고 시를 읊으며,
그리고 때때로 가무를 즐기며 산다면 얼마나 행복할까. 헛된 몽상
(夢想)일까.

근현대중국화가였던 장대천(張大千, 1899-1983) 형제도 한때
(1932년) 이곳에서 호랑이를 기르면서 산적이 있는데 그는 이 망사
원과 비슷한 정원을 대만 고궁박물원 근처에 만들고서 즐기다가 세
상을 떠나기도 하였다.

중국의 조경전문가들은 망사원을 소원전범(小園典範)이라고 칭찬
하고, 독일의 저명한 원예가인 마리안나여사는 그의 저서 중국원림
가운데서 망사원을 소주에서 제일 아름답고 완벽한 사가원림이라
고 하였다. 또 한 일본인은 망사원이야말로 중국의 無價之寶(무가지
보, 값으로 헤아리기 어려운 보물)라고 하면서 만약에 판다면 미국

看松读画轩

殿春簃

月到风来亭

冷泉亭

濯缨水阁

云冈

涵碧泉

小山丛桂

蹈和馆

琴室

梯云室

云窟

五峰书屋

鸭廊

撷秀楼

万卷堂

清能早达

大门

망사원의 구내 배치도 : 남쪽의 대문으로 들어가서 북쪽의 후문으로 나올 때까지 2시간 동안 관람하면서 기가 질렸다. 너무나 완벽하게, 너무나 오밀조밀하게 꾸몄기 때문이다.

돈 12억 달러를 주겠다고 하였다는 말도 전해오고 있다.

그런데 이렇게 아름다운 망사원을 찾아가는 길은 좁고 더럽고 지저분했다. 소주시내의 동남쪽 십전가(十全街) 큰 길에서 골목으로 세 번 꺾어 들어간 곳에 5분쯤 걸어서 있었다. 대문 앞도 번듯하지 못했다. 물론 주변은 가난한 사람들이 어렵게 살고 있어서 좋지 않은 냄새도 났다. 걸어서 10분 거리쯤 동쪽에 4성급호텔인 소주반점이 있었다.

필자는 이 글을 쓰면서도 여러 책을 참고하였는데 강소성 여유국에서 펴낸 走遍江蘇(주편강소, 2000년 8월 출판, 20.2×14㎝, 6백쪽)라는 책에도 虎丘(7쪽) 拙政園(9쪽) 網師園(13쪽) 獅子林(2쪽) 留園(9쪽) 寒山寺(8쪽) 등을 소개하였다. 그런데 이 가운데 망사원을 제일 자세히 설명한 것만 보아도 망사원이 얼마나 아름답고·짜임새 있고·사가원림의 전범(典範)이 되고 있는가를 알 수 있다. 다시 소주를 간다면 망사원을 하루 종일 보고 싶다.

182

17
북탑공원
(北塔公園 : 뻬이타꿍위엔)

　소주를 떠나는 날(2001. 8. 29) 아침 일찍 북탑공원을 찾아 간 것은 탑을 보기 위해서가 아니라 탑 오른쪽에 있는 장랑(長廊) 벽에 새겨져 있는 고소번화도(姑蘇繁華圖, 옛 소주의 번화한 모습을 그린 그림인데 석판에 모각한 것이다.)를 보기 위해서였다. 현재 중국요령성박물관에 소장되어 있는 원화 姑蘇繁華圖長卷(일명 盛世滋生圖, 36×1243.4㎝, 종이에 담채, 徐揚이 1759년에 소주에서 그림)은 2000년 10월에 본적이 있지만 어떻게 석각화(石刻畵)로 재현했는가 궁금해서였다.

　청나라 건륭황제때 소주에서 활동한 화가 서양(徐揚, 생졸년모름, 자는 雲亭, 벼슬은 供奉을 지냈으며 인물화와 계화를 잘 그렸다.)은 이 그림 외에 京師生春詩意圖卷(북경고궁박물원소장) 王羲之寫經換鵝圖 등을 남겼다. 서양이 북경 중앙화단에까지 진출할 수 있었던

북탑공원(北塔公
) 입장권 : 10원
(한국돈 1천6백원)
짜리 입장권을 사
가지고 들어가면
볼거리가 그 10배
는 더 된다고 생각
되는 명승지이다.
특히 고소번화도
(姑蘇繁華圖)가 더
그렇다.

북탑공원의 비방과 탑 : 사주삼간석목비방(4柱3間石木碑坊)이라고도 하는 잘 지은 건
물과 웅장한 탑(8각 9층, 76m)이 보인다. 소주지방에서 제일 높고 아름다운 탑이다.

것은 1751년 건륭황제가 남쪽지방을 순시하면서 소주에 와 머물 때 그림을 잘 그려 바쳤기 때문이었다. 그래서 북경의 내정(內廷)에서 근무할 때(1776년)는 南巡圖 제작작업에 참여하기도 하였다. 어떻든 북탑공원안 장랑에 있는 모방작 역시 실감나게 만들어져 있었다.

북탑공원을 들어가기전 정문 앞에는 잘 지어진 삼문(3門)이 있는데, 이것을 명대비방(明代碑坊)이라 한다. 사주삼간석목비방(4柱3間石木碑坊)인데 신공사(申公祠)에서 이곳으로 옮겨온 명나라때의 건축이다. 목재 좋고 · 구조 튼튼하고 · 치장이 정치(精致)하다. 北塔碑坊이라는 金字 현판이 걸려 있다.

탑(北塔 · 北寺塔 · 報恩寺塔이라고 한다. 76m, 9층8면, 벽돌과 나무로 만든 누각식 탑)은 소주지방에서 제일 아름답고 잘 생겼으며 높은 탑이고 외랑 · 내랑 · 탑심방실(外廊 · 內廊 · 塔心方室)로 내부가 되어 있어 탑안에서 꼭대기까지 올라가면서 소주시내를 관람할 수 있다. 물론 돈을 내야(입장료외) 탑을 오를 수 있다.

탑 뒤에는 불전(佛殿) 장경각(藏經閣) 등이 있고 그 옆으로는 잘 꾸며진 매포(梅圃, 매화나무정원)가 있어 휴식처로 이용되고 있다. 이곳에는 염천정 · 정수정(廉泉亭 · 淨水亭)등의 정자와 곡교(曲橋) 등도 있어 정원의 아름다움을 더하고 있다.

매포와 장랑 사이에는 북탑공원에서 제일 큰 건물인 명대남목관음전(明代楠木觀音殿)이 있다. 명나라 만력년간(1573-1615)에 중수(重修)한 2층 건물이다. 4백여년이나 되었지만 가장 완벽하게 명대 건축양식을 보여주고 있다.

北塔名胜全景图

PANORAMA OF NORTH PAGODA SCENIC SPOT

1、明代牌坊
2、门厅
3、九龙壁
4、报恩寺塔
5、茶室
6、古铜佛殿
7、藏经阁
8、华藏世界
9、元代张士诚纪功碑
10、廉泉亭、净水亭
11、明代楠木观音殿
12、《姑苏繁华图》长廊
13、梅圃
14、办公区
15、厕所

1. Ming Dynasty memorial archway
2. Vestibule
3. Nine-Dragon Wall
4. Bao'en(Thanksgiving) Temple Pagoda
5. Tea room
6. Ancient bronze Buddhist hall
7. Buddhist scriptures storage pavilion
8. Huacang World
9. Yuan Dynasty Zhang Shicheng'merits-recording stele
10. Lianquan Pavilion ,Pure Water Pavilion
11. Ming Dynasty Nanmu(Phoebe nanmu) Guanyin Hall
12. "Soochow flourishing picture" gallery
13. Plum garden
14. Official business area
15. Toilet

报恩寺塔
Bao'en(Thanksgiving) Temple Pagoda

북탑명승전경도(北塔名勝全景圖) : 소주에서 제일 오래되고, 제일 큰 절인데 구내에는 탑·관음전·장사성기공비·고소번화도·매포 등 볼거리가 많다.

梅圃 Plum garden

北塔夜色
Night view of North Pagoda

元代張士誠紀功碑
Yuan Dynasty Zhang Shicheng'
merits-recording stele

殿内观音像
Avalokitesvara statue in temple

이 북탑공원의 중앙부에는 장사성기공비(張士誠紀功碑)가 있는데 원나라때 기사석각비(記事石刻碑)로는 드문 귀물이다.

어떻든 북사(北寺)는 1천7백여년전 양(梁)나라때 세워진 이후 현통사·개원사·보은사(玄通寺·開元寺·報恩寺)등으로 이름을 바꾸면서 오늘까지 전해져 오는데 소주에서는 최고·최대사찰(最古·最大寺刹)이다.

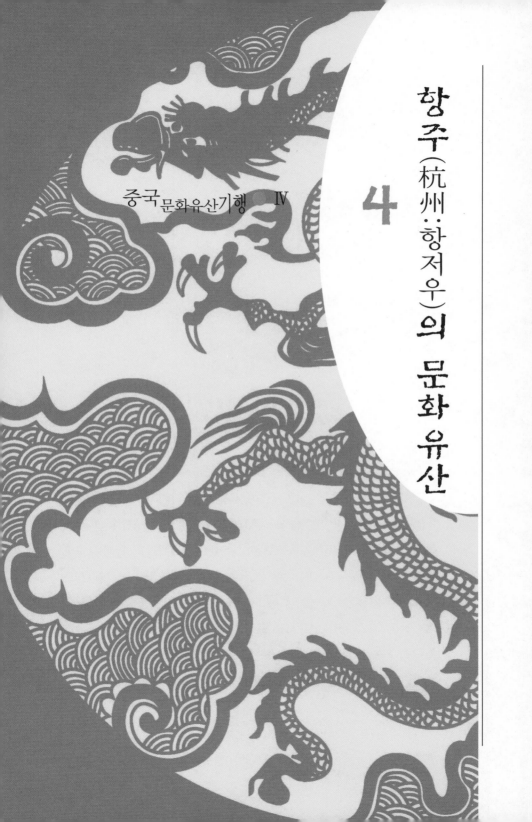

중국 문화유산기행 ● Ⅳ

4

항주(杭州:항저우)의 문화 유산

1
항주사
(杭州史 : 항저우스)

　절강성성할시(浙江省省轄市)인 항주(杭州)는 중국의 동남부 연해 지방에 있는데 상해에서 남쪽으로 180㎞ 거리에 있다. 북위 30도 · 동경120도에 있다. 시구(市區) 면적은 683㎢이고, 인구는 1백 80만 명이다. 유명한 서호(西湖, 면적6㎢)를 중심으로 동쪽으로 도심지구 가 있고, 남 · 북 · 서쪽으로는 산(천축산 · 오운산 · 영은산 · 노화 산 · 보석산 · 오산 · 용문산 등)이 이어져 있다. 강은 전당강(錢塘江) 이 항주만으로 흘러 동해(황해)로 들어가고 있다. 기온은 4계절이 분명하고(최고기온 42도, 최저기온 영하 10도, 평균강수량1400㎜) 좋은 날씨 (250일)도 많아 살기 좋다.

　항주의 역사는 기원전 4세기부터 시작되었고, 춘추전국시대에는 격전장이 되기도 하였다. 진나라때 (기원전222)는 전당현(錢唐縣) 이 설치되었다. 수나라때(589)는 杭州가 설치되었다. 이후 杭郡 · 錢

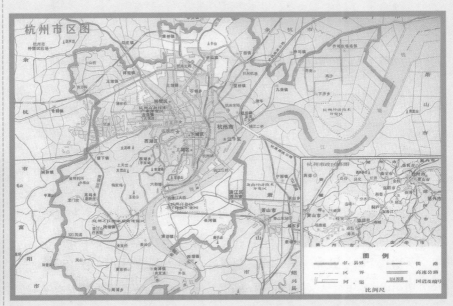

항주시구도(杭州市區圖) : 과거와 현재가 어우러져 발전하고 있는 항주는 중소도시
라 할 수 있다. 호수 (서호) 산(천축산·영은산 등) 강 (전당강)이 항주의 경치(천하제일
명승)를 이루고 있다.

塘・西浙路・臨安・杭州路・杭州府 등으로 이름이 바뀌기도 하였다. 남송의 서울(1129-1279)일때는 임안이라 했다. 1927년부터 杭州市가 되었다.

현재 항주는 중국7대 고도(古都)중의 하나인 역사와 전통문화가 빛나는 도시이다. 그래서 1982년부터는 국가역사문화명성(名城)이 되었다. 항주의 별명은 文化之邦・魚米之鄕・絲綢之府・茶葉之都・旅游之地・人間天堂・中國的明珠 등이다. 별명만큼 아름다운 경치・맛있는 음식・좋은 비단과 차 등을 자랑하는 곳이다. 문물보호단위(국가급・성급・시급 등)도 170여곳이나 있어 그야말로 볼 곳이 넘치고 있다.

항주에서 있었던 역사적인 사건은 인도승 혜리의 영은사 창건(328) 항주성 건설(589) 경항대운하개통(610) 오나라가 육화탑세움(970) 소동파가 항주태수가 됨(1089) 금나라가 항주를 함락함(1129) 몽고병이 항주를 침(1276) 남송 황궁이 불탐(1277) 마르코폴로 3년간 항주에 머뭄(1283년 전후) 건륭황제가 6차례나 항주에 옴(1751・1757・1762・1765・1780・1784) 태평군이 쳐들어옴(1860) 서냉인사를 세움(1913) 전당강대교 세움(1937) 일본군에 함락됨(1937) 8년간의 서호준설사업완성됨(1959) 등이다.

항주출신의 명사로는 오나라를 세운 손권(182-252) 서예가 저수량(596-658) 시인 하지장(659-744) 시인 임포(967-1028) 과학자 심괄(1031-1095) 화가 유송년(1190년대 활동) 화가 마원과 하규(1190-1220년대 활동) 소설가 나관중(약1330-약1400) 화가 남영(1585-1664) 병기발명가 대재(1635-1704) 극작가 홍승(1645-

서호(西湖)의 호심정(湖心亭)부근 : 항주에서는 아름다운 경치를 눈이 아프도록 보고, 맛있는 음식을 배부르게 먹고, 좋은 차를 마셔야 행복해진다. 가 볼 곳도 많고, 먹을 음식도 많은 곳이다.

1701)화가 김농(1687-1763) 금석전각자 정경(1695-1765) 시인 원매(1716-1797) 사상가 공자진(1792-1841) 화가 임웅(1823-1857) 사상가 장병린(1869-1936) 돈황연구가 상서홍(1904-1994) 등이 있다.

항주에서 가 볼 만한 곳은 거의 1백곳이나 되는데 관광코스를 간단히 소개하면 다음과 같다.

하루 관광코스

서호 → 고산 → 서냉인사 → 방학정 → 호심정 → 3담인월 → 화항공원

이틀 관광코스

첫날. 서호 → 3담인월 → 고산 → 화항 → 6화탑 → 호포

둘째날. 영은사 → 옥천 → 악왕묘 → 식물원 → 난포

사흘 관광코스

첫날. 서호 → 3담인월 → 고산

둘째날. 옥천산 → 호포 → 6화탑 → 용정 → 9계 18간 → 연하 3동

셋째날. 악왕묘 → 자운동 → 황룡동 → 옥천 → 영은사

박물관 · 미술관 코스

첫날. 항주비림 → 절강혁명열사기념관 → 중국사주박물

195

관 → 남송관요박물관

  둘째날. 6화탑 → 영은사 → 악왕묘

  셋째날. 절강성박물관 → 호경여당중약박물관 → 호설암

고거

2

서호

(西湖 : 시후)

소주와 항주는 다 같이 아름답고 오래된 도시인데 소주는 인공의 미를 보여주는 원림 때문에, 항주는 자연의 미를 보여주는 서호 때문에 유명한 도시라고 할 수 있다. 서호(동서 2.8㎞, 남북 3.3㎞, 둘레 15㎞, 면적 6㎢, 평균수심 1.8m, 제일 깊은 곳 2.8m)는 넓고 잔잔한 호수이면서 주변에 수 많은 명승과 명소를 끼고 있기 때문에 서호를 한 바퀴 돌면 항주를 다 봤다고 할 정도다.

하루에 30만톤의 전당강물을 끌여들여 한 달에 한 번씩 물갈이를 하는 서호는 쓰레기도 없고 맑아 깜짝 놀랄 정도다. 서호에는 제방이 둘 있는데 소재(蘇堤, 2.8㎞, 소동파가 만듬)와 백제(白堤 1㎞, 백낙원이 만듬)가 바로 그것이다. 그리고 이 두 제방은 서호를 외호·북리호·악호·서리호·소남호 등 5개 호면 (湖面)으로 나눈다.

서호의 이름은 무림수·금우호·명경호·전당호·방생지·서자

서호유람권(西湖遊覽券) : 서호의 주변과 중심에 있는 정자들을 보려면 유람권(35원, 한국돈 5천 6백원)을 사야 한다. 서호의 크기는 동서 2.8㎞, 남북 3.3㎞, 둘레 15㎞ 이다.

호·고사호 라고 하지만 사람들은 항주성의 서쪽에 있는 호수라는 뜻으로 서호라고 간단히 부른다. 또 춘추시대 항주일대에서 패권을 다투던 월(越)왕 구천(句踐)이 오(吳)왕 부차(夫差)에게 바쳤던 미인 서시(西施)에 비유될 정도로 아름다운 호수라는 뜻도 가지고 있다.

이렇게 아름다운 서호는 아침저녁에 따라, 또는 계절에 따라 유명한 경치가 있어 서호10구경(舊景)·서호신(新)10경·서호18경이라 한다. 뜻은 해설하지 않고 명칭만 적으면 다음과 같다.

서호10구경 : 蘇堤春曉·曲院風荷·平湖秋月·斷橋殘雪·柳浪聞鶯·花港觀魚·雷峰夕照·雙峰揷雲·南屛杷鍾·三潭印月

서호신10경 : 黃龍吐翠·寶石流霞·院墩環碧·虎跑夢泉·吳山天風·玉皇飛雲·龍井問茶·滿隴桂雨·九溪煙樹·雲

서호 위에 뜬 둥근 달 : 서호를 칭찬하는 말에 「맑은 호수는 비 내리는 호수만 못하고, 비 내리는 호수는 달빛 호수만 못하고, 달 빛 호수는 눈 내리는 호수만 못하다」는 말이 있다.

栖竹徑

서호18경 : 湖山春社 · 功德崇坊 · 王帶晴虹 · 海霞西爽 · 梅林歸鶴 · 魚沼秋蓉 · 蓮池松舍 · 寶石風亭 · 亭灣騎射 · 蕉石鳴琴 · 玉泉魚躍 · 風嶺松濤 · 湖心平眺 · 吳山大觀 · 天竺香市 · 雲栖梵徑 · 稻光觀魚 · 西溪探梅

2001년 8월 26일 오후 서호유람선(승선표 35위엔)을 타고 호수 가운데 호심정(湖心亭)과 3담인월(三潭印月) 등을 둘러보았는데 1시간을 보내고는 남쪽에 있는 소동파기념관도 잠깐 살펴보았다. 동파 소식(東坡, 蘇軾, 1036-1101)은 5년간(1071-1073, 1089-1090) 항주에서 지방관(통판 · 지주)노릇을 하면서 공을 많이 세웠기 때문에 항주출신이 아니었지만 항주에는 그의 공덕비도 있고 기념관(1988년 개관)도 있다. 그리고 그가 즐겨 먹는 돼지고기요리(東坡肉)와 생

선요리(東坡魚)는 너무나 유명하다. 또 거리이름도 東坡路와 學士路 가 있다.

서호의 아름다움은 절강성박물관(문란각)쪽에서 남쪽을 향해 볼 때가 제일 좋았던 것 같았은데 청나라때의 시인 위원(魏源)은 그의 시 (西湖夜遊吟)에서 다음과 같이 서호의 아름다움을 노래했다.

「맑은 호수는 비 내리는 호수만 못하고, 비 내리는 호수는 달빛 호 수만 못하고, 달빛 호수는 눈 내리는 호수만 못하다.」

그러니까 필자는 서호를 두 번 가 보았는데(1999년 12월과 2001 년 8월) 한 번 더(1월하순 춥고 눈이 올 때) 가 보아야겠다. 그래야 서호를 다 보는 셈이 될 것 같다.

봄날 연초록빛깔의 버들과 연분홍색의 복숭아꽃이 어우러진 모습 을 보고 읊었던 소동파의 시(飮湖上初晴後兩), 매처학자(梅妻鶴子, 매화를 아내로 삼고 학을 아들로 삼음)로 산 당나라때 항주 출신 시 인 임포(林 逋,967-1028)를 기려 세운 방학정(放鶴亭), 호수 가운데 의 호심정(湖心亭)등을 가슴에 안고서 서호를 떠났다.

3
항주비림
(杭州碑林 : 항저우뻬이린)

　비둘기 발목만 적실 정도의 실비가 내리는 이른 아침(2001년 8월
26일, 일요일) 호텔(4성급 望湖飯店)을 나와 걸어서 찾아갔다. 10여
분 걸어 골목 안에 있는 항주비림의 아침 첫 손님이었다. 입장권에
는 한어(杭州碑林) 일어(杭州の碑林) 영어(Hangzhou Record
Stone Garden) 등 3개국어로 이름이 인쇄되어 있었다. 입장료는 2
위엔(元, 한국돈 3백원). 너무나 쌌다. 관리인은 「중국인보다는 일본
인이 더 많이 찾아온다」면서 반갑게 맞이한다. 한국인이라고 하니
까 한국학자들도 가끔 온다면서 씽긋 웃는다.
　항주비림은 서안비림보다는 훨씬 작았지만 깔끔하게 정리되어 있
었고, 조용하여 관람하기에는 더 좋았다. 본래는 남송시대 항주부
학(府學)의 소재지(속칭 孔廟)였기 때문에 공자의 위패와 화상(李公
麟畵孔子像刻石拓本)을 대성전에 모시고 있었다. 항주비림(소장품

HANGZHOU
RECORD-STONE
GARDEN

杭州の碑林

항주비림(杭州
碑林) 입장권 :
서호의 동남쪽
오산 아래에 있
는 항주비림은
본래 공묘(孔廟)
자리였다. 항주
의 역사·서
법·유학·회
화·과학기술
등의 변화와 발
전을 볼 수 있
는 곳이다.

202

항주비림의 어비랑(御碑廊) : 수 십개의 제왕어필비(帝王御筆碑)는 많이 손상된 것은
금속띄로 결박도 했고, 유리보호장안에 넣어 세워두기도 했다. 남송시대 것이 많다.

항주비림의 본관과 회랑 : 본관(지붕이 보이는 큰 건물)에는 공자의 위패와 화상(畵像)이 모셔져 있고, 회랑(비랑)은 어비랑(御碑廊, 황제들의 글씨를 새긴 비석들을 모은 곳)으로 쓰고 있다.

4백여점)은 1979년에 설립사무국을 두고 준비를 시작한 후 1982년에 전체설계를 완성하였으며, 1989년 4월 정식으로 준공·개관하였다.

항주비림 경내(대지 2천㎡)는 대성전·비정·비랑·전원(前院)·중원·후원 등으로 구성되어 있고, 건축면적은 1천 3백㎡이다. 대성전은 명청시대의 목조건축양식의 큰 건물인데 높이가 15m나 된다(건평은 정면 7간에 5백㎡).

진열품은 사실류·법첩류·과기류·제왕어필류·남송태학석경류(史實類·法帖類·科技類·帝王御筆類·南宋太學石經類) 등 5가지 종류로 나눠 전시했는데 모두 2백30여석(石)이나 된다. 이것을 크기와 수량에 따라 비정·비랑·옥내에 나눠 전시하였다. 아주 큰 비석은 단독으로 세워 전시하였지만, 대부분의 비석은 벽에 붙박아 두었거나 기대어 전시하였다. 많이 손상된 것은 금속띠로 결박도 했고, 유리장안에 넣기도 했다. 이곳에서 중요한 유물 몇 가지를 자세히 살펴보면 다음과 같다.

남송태학석경은 남송 소흥(紹興)초년 고종황제 조구(趙構)와 황후 오(吳)씨가 쓴 태학(국립대학교)의 표준 독본(讀本)이다. 모두 85석인데 주역·상서·모시·춘추·논어·맹자 등이다.

오대석각성도(5代石刻星圖)는 세계에서 제일 오래된 별자리그림(942년 제작)인데 오월국(吳越國)의 왕릉에서 출토된 것(4.12×2.7m)이다. 28수(宿)와 기타 별자리들이 다 갖춰져 있어 천문학연구의 귀중한 보물이 되고 있다.

명가법첩(名家法帖)에는 왕희지의 우군60첩비·왕헌지의 대령아

군첩비 · 소식의 동파수찰비 · 미불의 당오언율시비 · 조길(휘종황제)의 천자문비 · 조맹부의 법첩 등이 있다.

기타 비석은 3백여개가 있는데 제왕어필 · 지방사료 · 인물화상 · 수리도각(水利圖刻) · 묘지 등이다. 모두 당나라이후 항주의 유구한 역사를 말해주고 있다.

관휴16나한석각석(貫休16羅漢刻石)은 관휴(당나라때의 불승화가)가 16나한을 그리고 돌에 새긴 것(청 건륭황제 때)인데 후대의 인물화(특히 백묘화)에 큰 영향을 준 것이다. 1석 1상(1石 1像)으로 크기(1.25×0.55m)가 같다.

이공린의 공자와 72제자상각석은 북송말의 유명한 인물화가였던 이공린의 그림솜씨를 볼 수 있는 명품(총 14석)이다. 각 상에는 남송황제 조구가 제목과 찬시를 썼다. 1156년에 각석한 것인데 상태가 좋다.

소식이 쓴 표충관비(表忠觀碑)도 4백 40여년이나 되었지만(명나라때 다시 새겼기 때문에) 1천여자의 글자가 다 잘 보존되어 있다.

이곳에서도 서안비림에서처럼 비석의 복제품과 탁본 및 자화(字畵)등도 팔고 있었다.

4
절강혁명열사기념관
(浙江革命烈士紀念館 : 쩌지앙꺼밍리에스지니엔꽌)

20세기 중국현대사를 잘 알려면 어느 도시에나 있는 혁명기념관·혁명열사기념관·열사능원·열사기념관·전역(戰役)기념관·혁명열사박물관 등을 찾아가 보면 된다. 유적이나 유물의 역사가 50년이상이면 문화유산으로 평가받기 때문에 중국에서는 1949년(중화인민공화국건국)이전 것이면 당연히 문화유산이 된다.

그래서 항주에서도 혁명열사기념관을 찾았다. 서호의 남동쪽 운거산(雲居山) 속 경치 좋은 곳에 있었다. 부지 7만여㎡를 차지하고 있는 이곳은 1991년 9월에 개관했는데 기념관·기념비·대형동부조벽(銅浮彫壁)·화강암군조(群彫)·기념광장 등으로 구성되어 있었다. 기념관의 건축면적은 4천 8백여㎡여서 크고 좋았다. 여기저기에는 여러 정자(열사기념관·백화정·적의정 등)도 있었다.

2층 기념관은 열사사적진열청·서언청·영시청·기동진열청 등

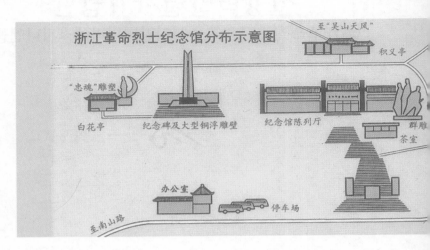

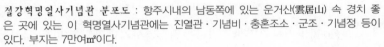

절강혁명열사기념관 분포도 : 항주시내의 남동쪽에 있는 운거산(雲居山) 속 경치 좋은 곳에 있는 이 혁명열사기념관에는 진열관·기념비·충혼조소·군조·기념정 등이 있다. 부지는 7만여㎡이다.

혁명열사영수불후기념비 : 「혁명열사의 명예는 썩지 않고 영원히 드리운다」는 뜻의 이 기념비의 높이는 27m인데 1949 년 8월 27일 전투(국공내전)에서 희생된 날을 기념하는 뜻을 가지고 있다.

으로 되어 있는데 열사사적진열청에는 3백 50여명의 열사와 관계되는 사진 1천여장이 설명문과 함께 진열되어 있고, 4백여건의 혁명문물·조각·유화·벽화 등도 함께 진열·전시되고 있다.

기념비의 높이는 27m인데 27은 8월 27일의 전투에서 희생된 혁명열사를 기념하기 위한 것이다. 앞쪽 정면에는 혁명열사영수불후(革命烈士永垂不朽, 혁명열사의 명예는 썩지 않고 영원히 드리운다)라는 금자(金字)제문이 있고, 뒤쪽 벽에는 구리로 만든 군상(群像)조각(길이 82m, 높이 4.5m)이 있다. 인물 70여명을 반추상으로 형상화한 것으로 현존중국최대의 동부조벽(銅浮彫壁)이다.

필자가 이 기념관을 찾아갔을 때 입구의 안내원은 반갑게 맞아 주었고 각 진열실을 친절히 설명해 주었다. 필자가 중국의 여러 도시에 있는 혁명열사기념관을 다닌 것을 알고는 더욱 좋아하면서 설명해 주었다. 남경의 우화대열사기념관과 그 내용 보다는 규모가 작았지만 알찬 내용들이었다. 항일전쟁과 국공내전을 겪으면서 희생된 공산주의자들(물론 혁명열사라고 부른다)을 잘 모시고 그들의 애국심과 혁명정신을 영원토록 선양하기 위한 중국정부의 노력을 볼 수 있어서 감회가 깊었다.

한·중·일 세 나라 가운데 우리나라 한국만 역사교육을 제대로 하지 않고 있는 느낌을 가지고 있는 필자는 이곳을 보면서 부끄러움을 느꼈다. 일본이나 중국은 학생과 일반에게 정확하게, 그리고 열심히 제나라 역사를 가르치는데 한국만 부끄럽게도 하지 않는 것이다. 일본역사교과서에 우리나라의 역사를 왜곡하는 것도 다 이 때문이라고 생각한다. 그러니까 중국과 일본으로부터 천대와 멸시

를 받은 것이다. 크게 반성해야 한다.

소나무와 잣나무는 늘 푸르고, 사철 꽃향기가 진동하는 구름이 머무는 산 운거산(雲居山)을 내려오면서 하얀 돛배처럼 서 있는 기념비를 돌아다 보았다. 여름비가 내린 후여서 산골짜기에서는 구름이 피어오르고 있었다.

항주에는 육화탑공원 동쪽에 항주시혁명열사기념관도 있다.

5
중국사주박물관
(中國絲綢博物館 : 쭝구어쓰저우뽀우꽌)

　항주에는 6개 박물관(절강성박물관 · 절강자연박물관 · 중국사주
박물관 · 남송관요박물관 · 중국차엽박물관 · 호경여당중약박물관)
이 있는데 필자는 이 책에서 4곳만 소개할 생각이다. 첫 번째로 소
개하는 곳이 옥황산(玉皇山)아래에 있는 사주박물관 즉 비단박물관
이다.

　1992년 2월에 정식 개관한 이곳의 건축면적은 1만 2천㎡이다. 건
물은 원형 · 선형(부채꼴) · 곡선형 등으로 되어 있고, 건물외벽의 색
은 미황색 · 유백색 · 천홍색 등으로 되어 있었다. 본관 앞 광장중심
연못 가운데에는 누에신(蚕神, 잠신으로 嫘祖라고도 한다)을 나타내
는 조소작품이 있다.

　이 사주박물관의 소장품은 1만 2천여점이(소주의 사주박물관은
시립이지만 항주사주박물관은 국립이어서 규모도 크고 소장품도

많고 좋다)있는데, 고대사주실물 · 전통기구 · 상잠 · 누에표본 · 직수공예품 · 사주산품 · 완성품 등이다. 이들 유물은 7개 진열실(사주문물청 · 민속청 · 잠상청 · 제사청 · 사직청 · 인염청 · 현대성취청)로 나눠 진열되어 있는데 많은 사진 · 도표 · 자료 등과 함께 있어 쉽게 이해할 수 있게 되었다. 이 모든 실물과 사진자료들은 중국고대사주(비단)의 발명 · 역사 · 생산 · 공예과정 · 용도 · 경제적작용 · 국제무역에서의 지위와 역할 · 국내외사주기술수준 등을 설명하고 있기도 하다.

또 체험실도 있어서 관람객이 명주실을 뽑고 · 비단을 짜고 · 옷을 입어볼 수 있으며, 패션쇼도 구경할 수 있다. 물론 쇼핑센터(아주 크다)도 있어 상품을 사거나 무역상담도 할 수 있다. 필자도 이곳에서 예쁜 비단내의 한 벌을 샀다.

항주사주박물관을 관람하게 되었으니까 중국비단에 대해서 약간의 지식을 일반독자들에게 전하고자 한다. 중국사주박물관자료실에서 펴낸 책(1997년 10월 발행)을 참고하였다.

옥 · 칠 · 사 · 자 (玉 · 漆 · 絲 · 瓷)제품은 중국문화의 4대 특질이라 하겠는데 이 가운데 사제품(絲製品)즉 비단은 5천년전부터 양자강하류와 황하유역에서 만들어지기 시작하였다. 즉 기원전 3천여년전에 있었던 앙소(仰韶)문화유적에서도 사직품(絲織品)이 출토되기도 하였다. 또 서주(西周)시대에 만들어진 화려섬세한 두겹비단(2重組織經錦)도 출토되었다.

춘추전국시대부터는 비단생산량이 많아져 외국으로 수출하기 시작하였고, 기원전 10세기경부터는 서역을 거쳐 유럽까지 중국비단

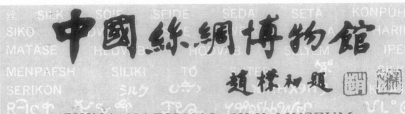

중국사주(絲綢)박물관 입장권 : 국립박물관이기 때문에 규모도 크고 소장품도 많다. 관람순서는 서청(정품청·문물청·민속청)·제사청·잠상청·사직청·인영청 현대위취청 등으로 하면 좋다.

당(唐)나라때의 비단길 도표 : 당나라 (618~907)때 항주와 소주 등에서 생산된 중국 비단이 수도인 장안을 떠나 돈황과 천산남북로를 거쳐 이탈리아 로마까지 간 비단길이다. 붉은색은 육로, 푸른색은 해로이다.

비단을 짜는 여인들 : 명청시대의 사주공예기술을 볼 수 있는 그림이다. 사직방(絲織坊)에서 비단을 짜는 모습인데 비단의 종류가 다르기 때문에 다른 기계로 두 곳에서 짜고 있다.

215

이 팔려 갔기 때문에 비단길(絲綢之路, Silk road)이 생겼으며, 이 길은 동서문명의 교류를 촉진하는 통로가 되었다. 이 때의 비단은 중앙아시아(서역)의 여러 곳에서 출토되고 있다. 이 무렵에 만들어진 비단은 견·금·수·라·사·조(絹·錦·綉·羅·紗·組)등이었다. 무늬는 기하문·용문·호문·봉문·기린문 등이었다. 1972년 장사(長沙)의 마왕퇴 1호 한묘(馬王堆 1 漢墓)에서 출토된 비단은 2천 년전 것이지만 가볍고·질기고·아름답고·무늬가 화려한 최고급 제품이었는데, 시신이 입고 있던 옷만해도 20여벌이나 되었다. 또 무늬는 인화문(印花紋)과 채회문(彩繪紋)도 있었다.

당나라 때(7-9세기)에는 한국(고구려·신라·백제)의 왕족들도 비단옷을 입었으며, 일본도 이 때 중국비단을 사용하였다. 일본 정창원(正倉院, 교또에 있는 황실보물창고)에는 지금도 당나라때 비단이 보관되어 있다. 당나라때 비단은 특히 능(綾)이 유명(吳綾·司馬綾·仙文綾 등)하였다.

누에의 개량·방적기의 발달·기술의 진보 등이 좋은 비단을 만들게 하였다. 그래서 한금·당릉·송라(漢錦·唐綾·宋羅)라는 말도 생겼다.

명·청시대의 사주공예기술(絲綢工藝技術)도 수 천년의 전통을 이어받아 더욱 발전하였는데 항주사주박물관과 북경고궁박물원 등에 소장되어 있는 황실의 전세품만 보아도 알 수 있다. 명·청시대에 유행한 것은 단직물(緞織物)이었다. 특히 황제의 옷인 용포(龍袍)는 최고수준의 작품이다.

현재 뽕나무를 기르고, 누에치기를 하며, 명주(비단)짜기를 하는

나라는 중국·한국·일본·인도·베트남·버마·브라질 등이다. 누에의 종류는 상잠(桑蠶)과 천잠(天蠶)등 10여 종류가 있다. 중국의 뽕나무밭 넓이는 1백20만 ha, 누에생산량은 67만 t, 생사수출량은 전세계의 90%, 주단수출량은 전세계의 40%를 차지하고 있다.

누에를 길러서 옷을 만들기까지의 23단계와 사직품 24종류는 소주의 사주박물관편에서 이미 소개했으므로 여기서는 생략하겠다.

217

6
남송관요박물관
(南宋官窯博物館 : 난쑹꽌야오뽀우꽌)

남송관요박물관은 1999년 12월과 2001년 8월에 가 보았다. 두 번 다 두 시간 정도씩 보았다. 규모는 작았지만 깨끗하고 아담하게 꾸민 박물관이다. 서호풍경구의 남쪽(옥황산남쪽) 산기슭 깊숙한 곳에 있어 주위 경치도 좋다(대지면적 1.5 ha).

도자기를 굽는 가마, 즉 요(窯)는 관요와 민요가 있는데 관요에서 생산하는 도자기는 관요자기라 한다. 관요자기는 민요자기보다 품질이 우수하다. 관청에서 제일 좋은 재료·시설·도공 등을 제공하기 때문이다. 남송시대(1127-1279)의 관요는 7곳(杭州의 南宋官窯·修內司窯·郊壇窯·建窯·定窯·越州窯·吉州窯)이나 있었다.

남송시대 건축양식을 따라 지은 박물관건물(건축면적 3천7백여 ㎡)은 간결하였고, 소장유물은 8천여점인데 이 가운데 1백6점은 3급이상의 문물이어서 귀중품이다. 이 유물들을 5개 전시실에 전시

항주남송관요박물관 : 민요보다 좋은 조건으로 도자기를 만들어 관청에 납품하는 관요(官窯)는 남송시대에 발달했는데 항주에 있는 관요가 대표적인 것이라 할 수 있다.

했는데 역대도자실 · 남송관요실 · 고자신기실 · 남송관요작방유지전시실 · 남송관요용요유지전시실 등으로 되어 있다. 진열장안에는 그림과 사진을 많이 넣어 관람자의 이해를 도왔다.

역대도자(歷代陶瓷)는 대표적인 고도자인데 84점이 있다. 신석기시대의 흑도(黑陶)로부터 청나라때 채자(彩瓷)까지다, 특히 용천요 · 정요 · 균요 · 자천요 · 건요 · 경덕진요의 자기들이 좋다.

남송관요(南宋官窯)실에는 남송관요의 건립과 발전, 남송관요자기의 조형풍격, 태토와 유약의 특징 등 남송관요에 대한 모든 것을 소개하고 있다.

고자신기(古瓷新器)는 옛자기의 모방작인데 관요 · 가요 · 여요 · 균요 · 월요 · 건요 등의 제품을 모방한 것이다.

남송관요작방유지(作坊遺址)전시는 발굴한 가마터의 작업실을 보

남송관요 관이자병(貫耳瓷甁) : 남송(1127-1279)시대 1백50년
사이에 만든 관요자기는 특산품에 드는 자기인데 이 병(높이
22.8×폭 8.3cm)은 요변자기로 매우 귀한 것이다.

남송관요박물관을 관람한 후 : 1999년 12월 한국대학박물관 팀과 함께 관람한 후 기념사진을 찍었다. 모두 미술사와 고고학을 전공한 전문가들이다. 필자는 앞줄 왼쪽에서 3번째.

여주고 있다. 역사적인 현장을 보존하고 있는 것이다.

이 밖에 도자기성형실습실·고도자모방실험실(청소년을 위한)·소형요실 등 연구시설도 있어 도자기박물관으로서의 역할을 다하고 있다.

남송관요박물관의 본관을 다 둘러 본 후에는 꼭 본관 동쪽 멀리에 있는(5백m쯤) 요지(窯址, 가마터, 1956년 1차 발굴, 1988년에 2차 발굴)를 보아야 한다. 필자도 두 번째 갔을 때 직원의 권유(요지를 꼭 보라는)를 받았다. 건축면적이 1천 7백㎡인 건물(가운데 기둥이 없는 둥근 돔형으로 길이는 40m)안에 평균 폭 2m의 기다란 가마 (龍窯, 높이 2m, 首尾高差 7.2m, 길이 23m)가 있고 주위엔 파편과 도지미(도자기그릇 받침)등과 수비(手飛)하는곳·배수구·성형공방·유약통·건조장 등도 흩어져 있다. 가마는 내화벽돌을 쌓았고 길고 좁았다. 그러니까 이곳을 보면 8백여년전 항주의 관요에서 어떻게 좋은 도자기를 만들었는가를 알 수 있다.

　도자기전문박물관인 이곳은 요지의 발굴 때문에 생겼지만 절강성의 애국주의 교육기지이기도 하여 일반관람객보다는 학생들, 특히 단체청소년들이 많이 찾아오는 곳이다.

7
육화문화공원
(六和文化公園 : 류허원화꿍위엔)

항주 서호의 남쪽 전당강변에 있는 육화문화공원의 정확한 위치는 지강로(之江路) 84호다. 월륜산(月輪山)에 있다. 다른 이름은 육화탑 · 육화탑공원 · 고탑진열관 등이라 한다.

1961년 전국중점문물보호단위가 된 후 항주에서 관광객이 가장 많이 오는 곳이 되었다. 입장료도 거의 매년 올라 지금(2001년)은 성인 15원이나 한다.

8각8층(높이 60m) 탑인 육화탑은 북송 개보 3년(970)에 진강(鎭江, 현재의 전당강)의 사나운 파도를 누르려는 뜻으로 세웠는데 그때는 9층에 170여m 였으며, 탑의 정상에는 밝은 등(燈)을 켜 등대 역할도 하였다고 한다. 1121년 전쟁으로 불탄 것을 1163년에 다시 오늘의 모습인 누각식전탑(樓閣式磚塔)으로 세웠다.

이중으로 된 내부에는 7층까지 오르는 계단(220여개)이 있어 오

육화(6和)문화공원 입장권 : 육화탑 대문표라고 되어 있는 성인표이다. 탑·전 당강·전당강대교(인도교와 철교가 함께 있다.) 등이 보인다. 이 6화탑은 항주의 상징이기도 하다.

224

육화탑 탑심(塔芯)내부 : 북송때인 970년에 세울 때는 8각 8층이었는데 1121년 전쟁으로 다시 세 웠다(1163년). 지금은 13 층 (높이 60m)이고 내부 는 7층까지만 개방했다.

르내리면서 외경을 볼 수 있다. 탑이 차지하고 있는 면적은 8백66㎡이다. 탑은 피사의 사탑처럼 약간 기울어져 있다.

육화탑의 육화(6和)라는 이름은 몇 가지 전설에서 유래되었는데, 자연의 6合(天·地·東·西·南·北, 즉 天下라는 뜻)·전국시대의 6국(燕·趙·韓·魏·齊·楚 여섯나라가 秦에 대항한 뜻)·불경의 6和(身和同住·口和無爭·意和同悅·戒和同修·見和同解·和和同均의 여섯 和의 뜻)등에서 왔다고 한다.

육화탑 내부에는 남송시대의 성첩비(省牒碑)·사십이장경잔석(42章經殘石)·명나라때의 진무상비(眞武像碑)·전조(磚雕, 즉 부용·공작·봉황·까치·앵무·기린·빈가·비천 등을 새긴 전돌) 등이 있어 모습은 웅장하면서도 정치하여 들어가 볼수록 예술궁전 안을 보는 것 같다.

육화탑공원에서 또 볼만한 곳은 육화탑 뒤에 있는 중화고탑박람원(中華古塔博覽苑, 6.6 ha)이다. 여기엔 중국 각지에 있는 5백여기(基)의 탑을 모조하여 세운 탑군(塔群)이 있다. 대체로 원탑의 6분의 1에서 10분의 1로 축소한 것들이다. 재료는 돌·나무·벽돌 등으로 원탑의 재료를 따랐다. 따라서 이곳에서는 한 자리에서 중국고탑의 역사와 양식을 알 수 있다.

탑의 양식은 정각식·누각식·밀첨식·금강보좌식·백탑·화탑·과가탑·라마탑 등 다종다양하다. 원륜산의 가파른 곳에 있는 이 탑들을 하나하나 유심히 보려면 2시간도 더 걸린다. 그러나 중국의 탑문화를 감상하고 중국불탑문화유산을 공부하려면 힘들어도 보는 것이 좋다.

끝으로 소주의 호구(虎丘)공원과 비슷한 인상을 주는 이곳에서 스쳐지나가면서 볼만한 곳은 광복원안의 샘인 영천, 교룡이 나왔다는 사정(砂井), 분월천(噴月泉), 수강정(秀江亭) 등인데 모두 아름다운 전설도 있어 재미있다.

8
영은사
(靈隱寺 : 링인쓰)

　항주 서호풍경구의 서북쪽 산일대를 영은(靈隱, 영혼이 쉬는 곳)
이라 하는데 아름다운 자연과 역사, 그리고 예술과 건축이 하나로
어우러져 있는 야외박물관이라고 할만한 곳이다. 관람객도 인산인
해를 이루는 곳이다. 이곳을 설명한 책(西湖博覽, 172쪽, 2001년 2
월)을 보면 26쪽에 걸쳐 자세히 다뤘다. 육화탑공원은 6쪽 분량으
로만 소개했었다.

　택시를 천축로(天竺路)의 영은사 매표소 앞에서 버리고 내리면 입
구 반대편에 노란색 벽이 있다. 소주의 한산사 조벽(照壁)과 같은 영
은사의 조벽인데 지척서천(咫尺西天)이라는 커다란 글씨가 보인다.
코앞에 부처님나라가 있다는 뜻이다.

　서울시내에서 사용하는 교통카드 같은 입장권(20위엔)을 사는데
도 난리법석이다. 마미송·황산송·흑송(馬尾松·黃山松·黑松)같

영은사 입장권 : 중국의 문화유산유적지 가운데
입장권을 종이가 아닌 프라스틱으로 만들어 파는
곳은 관람객이 넘치는 곳들이다. 물론 1회용이다.
값도 20원(한국돈 3천 2백원)이상씩이다.

영은사 대웅보전(大雄宝殿) : 영은사 경내
에는 크고 작은 건물이 많은데(9루 18각 72
전) 그 가운데에서 대웅보전이 제일 큰 중심
건물(정면 7간 · 측면 5간 · 높이 34m)이다.

대웅보전안의 목조석가모니 불상 : 1956년에 만든 이 불상(높이 9.1m, 좌대와 광배까지 합하면 24.8m)은 나무로 만들고 금칠을 했다. 불상도 좋지만 광배가 엄청나게 크고 화려하다.

은 잘 생기고 큰 소나무가 양쪽에 늘어서 있는 길(九里雲松路)을 따라 올라갔다. 바람이 불면 솔바람소리가 좋고 보기도 좋아 소나무 파도(九里松濤)라고도 한다. 20m폭의 송수림대(松樹林帶)를 오르면 왼쪽 비래봉(飛來峰)아래쪽으로 미륵불상을 비롯한 불상들이(중화석굴예술집췌원)수 없이 많다. 불교신자들은 합장하기가 바쁘다. 해발 4백 12m의 산아래에는 작은 절들(법경사·법정사·법희사)도 많은데 3천축사라고도 한다. 그리고 이들 절 뒤에는 금동불·연화천·삼생석·번경대·천세암·백운천 등 볼거리도 많다.

높이 10m에 폭이 2m 정도의 삼생석(3生石 즉 前生·今生·來生) 큰 바위 셋에 얽힌 옛이야기를 듣는 것도 불교신자들에게는 재미있는 일이다. 불교신자들을 위해서 중화석굴예술집췌원(中華石窟藝術集萃園)을 좀더 자세히 설명하면 다음과 같다.

영은사 대웅전쪽으로 올라가면서 왼쪽에 2백50m 정도로 길게 있는 이 불상들은 중국 각지에 있는 불상 약 1만 구(軀)를 모조한 것인데 1기공정(1期工程)은 입구경구·대족석각구·안악와불구(入口景區·大足石刻區·安岳臥佛區)로 나눈다.

입구경구에는 북위불상 등 2백 72존상이 있고, 대족석각구에는 중경 대족산석각을 모방한 남송양식의 불상들이 있으며, 안악와불구에는 15m나 되는 석가모니와불을 비롯한 많은 불상이 있어 장관을 이루고 있다.

2기공정은 운강석굴구·용문석굴구·맥적산석굴구·낙산대불구(雲崗石窟區·龍門石窟區·麥積山石窟區·樂山大佛區)로 나눈다.

운강석굴구에는 운강 제12굴과 제 20굴의 조상이 있고, 용문석굴

구에는 빈양동과 봉선사(대불)의 불상이 있으며, 맥적산석굴구에는
송대 제 165굴 불상이 있다. 또 낙산대불구에는 원불상을 3분의 2
로 축소한 불상이 있다. 「산시일존불, 불시일좌산(山是一尊佛, 佛是
一座山)이라는 호방한 모습을 볼 수 있다.

중국석굴예술의 아름다움을 사천성이나 감숙성까지 멀리 가지 않
고 항주의 이곳에서 볼 수 있는 것도 큰 즐거움이다. 중국사람들이
전통문화유산을 사랑하고 아끼는 마음은 참으로 놀랍다. 본 받을
만 하다.

비래봉이 끝나는 쪽에 있는 냉천지(冷泉池)를 지나 천왕전(天王
殿, 정면 7간, 측면 4간의 큰 건물)을 거쳐 안으로 들어서면 일금당
쌍탑(一金堂雙塔)이 있다. 영은사다. 탑은 경탑(經塔, 8각9층탑으로
높이는 11m)이라 하고, 금당은 대웅보전(大雄宝殿, 정면7간, 측면 5
간, 34m)이라 한다. 중국최대목조불상인 석가모니상(높이9m)이 있
는 대웅보전 뒤에는 약사전 · 염불당 · 방장실 등이 있다.

절을 나오면서 냉천정(冷泉亭)을 봤다. 필자는 1950년대 중엽 서
울 서대문구 냉천동(서대문우체국 뒤쪽)에서 몇 년간 산 일이 있기
때문에 맑고 찬물이 솟는다는 뜻의 冷泉이라는 글자만 봐도 감회에
젖는다. 항주의 영은사에서도 그랬다. 냉천정 정자의 편액은 현대
중국의 문학가 · 고고학자 · 서법가였던 곽말약(郭沫若)이 쓴 글씨
다. 옛날 편액(문화혁명때 없어진 것)은 백거이(白居易)와 소동파(蘇
東坡)가 썼다고 한다. 백거이는 그의 글(冷泉亭記)에서 냉천정의 경
치가 영은사에서는 제일이라고 칭찬하기도 했다. 그래서 냉천정에
는 많은 편액과 주련(柱聯)이 걸려있다.

항주에서 제일 크고, 제일 오래되고, 제일 경치가 좋다는 영은사를 다 보고 내려오면서도 수많은 관람객 때문에 고생을 많이 했다. 제대로 걸을 수도 없었다. 동진(東晉)시대에 지은(326년) 이 절은 중국 10대 명찰(名刹)중의 하나이기도 하다. 경내에는 9루(樓) 18각(閣) 72전(殿)의 건물이 있다.

다시 말하면 항주에서 불교문화유산을 보려면 두 곳, 즉 육화탑공원과 영은사를 꼭 찾아야 한다.

9

악왕묘

(岳王廟 : 웨이왕먀오)

항주와 서호를 더 잘 알기 위해서는 서호 주변에 묻혀있는 충신과 의사(義士)의 묘를 알아보는 것도 중요하다. 즉 남송때의 악비묘(岳飛墓), 명대의 우겸요(于謙墓)와 장황언묘(張煌言墓), 청말의 서석린묘(徐錫麟墓) 추근묘(秋瑾墓) 도성장묘(陶成章墓), 현대의 장태염묘(章太炎墓) 등이다. 이 가운데 가장 유명하고 규모가 큰 것은 악비묘인데 악왕묘(岳王墓, 1221년 창건)로 부른다. 악왕묘의 명칭과 규모도 여러 차례 변했고(智果寺→褒忠衍福寺→忠烈廟→岳王廟), 오늘의 모습을 갖춘 것은 1979년 대대적인 중수사업 이후부터다. 넓이는 1.3ha 이고, 건축면적은 3천㎡이다. 경내에는 석패방(石牌坊) 충렬사(忠烈祠) 비랑(碑廊) 악운묘(岳雲墓) 남지소(南枝巢) 정기헌(正氣軒) 악비기념관(岳飛紀念館) 등이 있다.

岳王廟라는 세로현판이 있는 정문을 들어서면 서호쪽으로 석패방

악왕묘 정문 : 악왕묘(岳王廟)는 1221년에 지은 사당인데, 1979년에 대대적으로 확장하고 수리하여 오늘의 모습을 갖췄다. 넓이는 1.3ha 이고 건축면적은 3천㎡이다.

악분(岳墳) : 악왕묘 구역안에는 악비(岳飛, 1103~1142)무덤뿐만 아니라 악운묘(岳雲墓, 양아들)도 옆에 있어 구국단심(救國丹心)을 더 볼 수 있다.

이 있는데 위에는 碧血丹心(벽혈단심, 푸른 피에 붉은 마음)이라는 4개의 큰 글자가 쓰여진 액자가 걸려 있다. 석패는 높이 8.88m, 폭 8.16m나 된다. 청석으로 되어 있다.

대전인 忠烈祠(4백㎡)는 정문으로 들어가면 정원이 있는데 바로 그곳에 있다. 心昭天日(심소천일, 마음이 하늘의 해처럼 밝다)이라는 편액이 걸려 있다. 북쪽에서 쳐들어온 금나라 병사와 싸우다 죽은 악비(1103~1142)의 충성심을 나타낸 글이다. 4백㎡나 되는 큰집(忠烈祠)가운데에는 군복을 입은 악비가 왼손에 칼을 잡고 있는 융장좌상(戎裝坐像, 높이 4.5m)이 있다. 잘 생긴 30대 사나이는 정기

악비기념관 : 북쪽에서 쳐들어온 금나라 병사와 싸우다 누명을 쓰고 억울하게 죽은 악비의 융장좌상(戎裝坐像, 높이 4.5m, 군복을 입고 왼손에 칼을 잡고 앉아 있는 씩씩한 모습)이 있다.

가 넘치면서 품위가 있다. 한마디로 영웅의 모습이다. 좌상 뒤에는 그가 쓴 글(還我河山, 나의 산하를 돌려달라)을 새긴 현판이 걸려 있다. 그 위 천정에는 백학도가 그려져 있고, 4벽에는 벽화(악비의 일생도)가 그려져 있다.

　岳飛墓는 사당인 岳王廟 서쪽에 있고, 묘원(墓園)의 통로 양쪽에는 비랑(碑廊)이 있다. 북랑(北廊)에는 악비의 유묵 · 유명한 만강홍사(滿江紅詞) · 주찰(奏札) · 표장(表章) 등이 있고, 남랑(南廊)에는 악왕묘를 중수한 비기(碑記) · 악비의 시작(詩作) · 석용(石俑) · 순장품(旬葬品) 등이 진열되어 있다. 모두 1백 27개의 비각(碑刻)이다. 또

묘도(墓道)에는 석인·석수·석망주(石人·石獸·碩望柱) 등이 서 있다. 악비묘의 왼쪽에도 묘가 하나 있는데 이것은 양자(養子)인 악운(岳雲)의 묘이다.

그런데 악비묘와 묘궐(墓闕) 사이에는 철주(鐵鑄, 쇠로 부어 만든)의 4인 간상(奸像)이 있다. 추밀부사인 악비가 침략군을 물리치고자 했을 때 악비를 모함해서 죽게 한 세 남자와 한 여자의 조상이다. 관람객이 욕하면서 침을 뱉어서 지저분한 모습이다.

대전(악왕묘) 뒤에 있는 정충지(精忠池)의 뒤쪽 악비기념관(전에는 啓忠祠라 했음)의 3개 전시실(6백㎡)에는 조소·회화·병기·사료·사진 등이 전시되어 있다. 악비의 소년시대·항금(抗金) 투쟁장면·악가군(岳家軍)의 활약상·악씨족보·남송황실의 죄행·후세에의 영향·전국 각지에 있는 악비사당의 모습·악비에 관한 논문과 저서 등이다.

어떻든 이곳은 애국심과 애향심을 고취시키는 유적지라 하겠다.

238

10
절강성박물관
(浙江省博物館 : 쩌지앙성뽀우꽌)

서호의 북쪽 항주시고산로 25호에 자리잡고 있는 절강성박물관(1929년 개관·건축면적 9천㎡·진열면적 5천 3백여㎡)은 위치·주변경치·건물·소장품 등이 다 좋은 일급 박물관이다. 아름다운 정원과 크고 작은 건물(13개 동)로 이뤄졌는데 중요건물은 역사문물관·국제예품관·전폐관·공예관·서화관·청자관·어비정·문란각(고건축) 등이다.

1999년 12월에 갔을 때는 1시간 정도 관람했고(한국대학박물관협회 회원들과 함께), 2001년 8월에 혼자 갔을 때는 3시간 정도 자세히 관람했다. 야트막한 고산의 남쪽에 있기 때문에 배산임수(背山臨水)의 명당(청나라때의 황제행궁터였다)이기도 하다. 박물관 근처에 있는 고급식당(樓外樓)에서 항주에서 자랑하는 음식을 먹고 아름다운 박물관의 건물과 유물을 보는 행복감은 여행의 피로를 말끔히

春秋·铜提梁盉

240

浙江省博物館

ZHEJIANG PROVINCIAL MUSEUM

2001. 8. 20

副券 № 035570

票价 拾元

절강성박물관 입장권 : 절강성 박물관은 필자가 본 중국의 많은 박물관과 미술관중에서 가장 좋은 경치에 둘러싸여 있는 곳이다. 앞에는 서호·뒤에는 숲·옆에는 옛 서고인 문란각 등이 있고 구내에는 정원이 있어 아름답다.

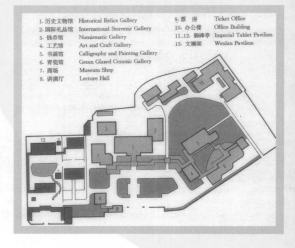

1. 历史文物馆	Historical Relics Gallery	9. 票 房	Ticket Office
2. 国际礼品馆	International Souvenir Gallery	10. 办公楼	Office Building
3. 钱币馆	Numismatic Gallery	11,12. 御碑亭	Imperial Tablet Pavilion
4. 工艺馆	Art and Craft Gallery	13. 文澜阁	Wenlan Pavilion
5. 书画馆	Calligraphy and Painting Gallery		
6. 青瓷馆	Green Glazed Ceramic Gallery		
7. 商场	Museum Shop		
8. 讲演厅	Lecture Hall		

절강성박물관 구내배치도 : 서쪽에 있는 문란각을 제외하고도 12개동의 크고 작은 건물(공예관·서화관·청자관 등)과 연못·꽃밭 등으로 이루어진 이곳은 쾌적하고 시원스럽다.

청대화가 남영(藍瑛)의 만학청
송도 : 절강성박물관 소장품인
남영(1585~1670년경)의 이 그림
은 온갖 골짜기에서 맑은 소리
가 들린다는 뜻의 명품이다. 북
송회화양식을 따랐다.

절강성박물관앞의 학예원들 : 1999년 12월 절강성박물관을 관람한 한국대학박물관 학예원들과 함께 사진을 찍었다. (필자는 뒷줄 왼쪽으로부터 6번째) 아름다운 배경이 있어 더욱 좋았다.

씻어 준다.

본관격인 역사문물관에는 여도시하모도유지출토품(余挑市河姆渡遺址出土品)·원시인간란식(干欄式)건축목구(木構)·나가각(羅家角)유지출토품·양저(良渚)문화유지출토품 등과 채도·채완·백도·청동정·청동귀·석모 등 진귀한 유물이 잘 전시되어 있다.

청자관에는 고대 절강지방에서 만들어진 청자기들이 있다. 절강성은 중국자기의 발원지(發源地)라는 자부심을 가지고 있는 곳이기 때문에 좋은 자기들이 많다. 따라서 영파·자계·상우·무의·영가 등지에서 출토된 귀중한 청자가 많다.

공예관에는 절강지역에서 생산된 수공업제품, 즉 염직물·칠기·조지물·인쇄품 등이 전시되어 있다.

서화관에는 남송이후부터 더 많이 배출된 이 지역출신 화가들의 작품이 많은데 송대의 하규·목계, 원대의 황공망·조맹부·오진,

명대의 진홍수, 청대의 남영, 근대의 임호·오창석·황빈홍 등의
작품이 많다. 1999년 12월에 갔을 때는 절강성박물관 개관 70주년
기념전을 대대적으로 열고 있어서 볼거리가 더 많았다. 중요유물을
개별적으로 보면 다음과 같다.

칠완(漆碗) → 기원전 50세기 하모도문화유물이다. 7천년전부
터 중국에서는 칠기를 만들어 썼다는 증거물이다.

옥종(玉琮) → 양저문화유물이니까 기원전 30세기의 옥제품이
다. 아름답고 기품있게 만든 의식용이다.

기락동방(伎樂銅房) → 가수와 배우인형을 구리로 만들어 집안
(銅房)에 넣어 둔 것인데 춘추시대(기원전 8-5세기) 작품이다.

도탄금용(陶彈琴俑) → 동한시대(25-220)작으로 흙으로 빚
어 만든 악사(樂士, 거문고를 연주하고 있는)인형이다.

서방정토변상도권잔(西方淨土變相圖卷殘) → 당나라(618-907)
때 그린 불화잔편이다.

동조관음입상(銅造觀音立像) → 당나라때 만든 불상으로 광배
(光背, 불상의 뒷판 장식)가 특이하다.

목조천왕상(木雕天王像) → 북송시대(960-1127) 나무로 만든
불상인데 금칠을 했다. 작으나 잘 만들었다.

청자주형연적(青瓷舟形硯滴) → 남송시대(1127-1279)작품으로
배는 작으면서도 앙징스럽다.

서상기삽도(西廂記揷圖) → 명나라때 인물화와 판화를 잘 그린
화가 진홍수(陳洪綬, 1598-1652)의 작품이다.

11
호경여당중약박물관
(胡慶餘堂中藥博物館 : 후칭위탕중야오뽀우꽌)

항주문화유산기행중 마지막 날은 두 곳을 찾아본 것으로 마감했
다. 서호의 남쪽(오산의 북쪽)에 있는 고건축(청말 19세기 중엽)이었
다. 안휘성출신상인이었던 호설암(胡雪岩)이 살던 집(故居)과 그가
지은 제약회사 호경여당(胡慶餘堂 또는 慶餘堂, 지금은 胡慶餘堂中
藥博物館)이었다.

어느 나라나 크고 오래된 도시에는 유명한 인물(정치가·학자·
예술가 등)이 살던 집이 많은데 중국도 마찬가지이다. 그래서 필자
도 부지런히 찾아가 보고서 허영환의 중국문화유산기행 1·2·3 권
에 송경령·노신·손문·임어당 등이 살던 집을 소개한 바 있다.

항주에 있는 명인고거(名人故居)로는 학자며 서예가 강유위(康有
爲)·화가 황빈홍(黃賓虹)·정치가 장정강(張靜江)·화가 반천수(潘
天壽)·언론인 사량재(史量才)·학자 마인초(馬寅初)·학자 마일부

(馬一浮) · 정치가 주가화(朱家驊) · 문학가 만령유(万令孺) · 문학가 욱달부(郁達夫) · 과학자 모이승(茅以升) · 사업가 도금생(都錦生) · 화가 임풍면(林風眠) · 문학가 유평백(俞平伯) · 극작가 하연(夏衍) · 미술사학자 임문쟁(林文錚) · 사업가 호설암(胡雪岩) 등이다.

이 가운데 호경여당중약박물관을 먼저 갔다. 좁은 골목길 안쪽에 있었는데 입구의 담장과 대문부터 청대고건축양식으로 지어져 (1874년 건립)있었다. 강남약부(江南藥府)라는 말을 듣는 이곳은 북경의 동인당(同仁堂)과 함께 중국 전통제약사로 유명한 곳이다. 크고 완벽한 건축미(상공업성고건축)는 동인당을 능가한다. 총건평은 4천여㎡(대지면적은 3천여㎡)이다. 목조2층으로 화려 · 섬세 · 견고함을 자랑하고 있다. 물론 전국중점문물보호단위로 지정되어 있다.

호경여당중약박물관 입장권 : 주택가 골목 안에 있는 이 박물관을 찾아가 보고서 감탄도 하고 질리기도 했던 기억을 잊을 수가 없다. 좋은 건물 · 훌륭한 시설 · 철저한 관리 등이 너무나 부러웠다.

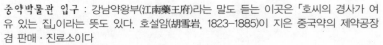
중약박물관 입구 : 강남약왕부(江南藥王府)라는 말도 듣는 이곳은 「호씨의 경사가 여유 있는 집」이라는 뜻도 있다. 호설암(胡雪岩, 1823~1885)이 지은 중국약의 제약공장 겸 판매·진료소이다

환자를 진찰하는 곳·약을 짓는 곳·약재와 음식물을 파는 곳·유물(1백 60여점)을 전시한 곳·제약도구와 사진 등을 전시한 곳 등이 위 아래층에 가득 있었다. 감탄하면서 관람했다. 문화유산을 사랑하고 잘 지키고 있는 대국인(大國人)들이 부러웠다. 진열실은 크게 4개로 나눌 수 있었다.

제 1전시실은 약학개항실이다. 중국약의 기원·발전·약재교류 역사 등을 자세히 실물·도표 사진 등과 함께 설명한 전시실이다. 또 역사상 유명한 의약명인(医藥名人)인 화타·편작·이시진(華佗·扁鵲·李時珍)등의 생애와 업적도 전시하였다.

제 2전시실은 창업자인 호설암의 초상과 그와 관계되는 유물(원탁·의자·조각품·책·사진·1백 여년이전에 사용한 제약도구 등)들이 전시되어 있다.

제 3전시실은 전국의 유명한 제약사(북경의 동인당·천진의 달인당·광주의 진이제·중경의 동군각·항주의 제2중약창 등)들의 시설과 사업 활동상황을 모아 전시하고 있다.

제 4전시실은 1천여점의 약재표본을 전시하고 있는 곳이다. 뱀·벌레·소 등 동물성표본과 식물성표본이 가득하다. 코끼리의 상아와 호랑이뼈 등도 물론 있다.

또 이곳에는 약을 만드는 중약수공작방청(中藥手工作坊廳)·환자를 진찰치료하는 양생보건문진청(養生保健門診廳)·약과 약재를 파는 영업청(營業廳)·약재 등으로 만든 음식을 파는 식당인 약선찬청(藥膳餐廳) 등이 있다.

이곳을 찾아와 보는 사람은 주로 의약관계자들인데 한국에서 온

진료중인 한의사와 환자 : 온갖 약이 들어있는 약장앞에서 환
자를 진료하는 모습인데 의사가 12명이 있었다. 물론 교대로 전
문분야만 문진(問診)을 했고 약은 다른 곳에서 받아 갔다.

의사·약사·약대생 등이 많다고 말하는 안내자의 얼굴엔 전통의
약에 대한 자부심이 가득했다. 그러면서 호경여당의 창업자인 호설
암이 살던 집이 걸어서 10분 거리에 있으니 보라고 하였다. 골목길
(大井巷)을 빠져나와 고루(鼓樓, 보수공사가 한창 진행중이었다.)를
지나 찾아갔다. 이 근처는 19세기 중엽까지는 항주의 중심지였기
때문에 시각을 알리는 고루도 있었다.

12

호설암고거

(胡雪岩故居 : 후쉬에이엔꾸쥐)

항주시원보가(元宝街)18호에 있는 호설암고거는 높이가 5m나 됨 직한 담안에 있었다. 흰색벽이었지만 형무소와 같은 인상을 받았 다. 정문으로 들어가면 오른쪽(동쪽)은 주거공간, 왼쪽(서쪽)은 정원 공간, 가운데는 접대공간으로 되어 있음을 알 수 있다. 동서로 길고 남북으로 약간 짧은 직사각형으로 되어 있다. 강남 대부호였던 호 설암(1823-1885)이 높은 벼슬도 하고 장사(돈장사 · 쌀장사 · 땅장 사 · 약장사 · 군수품장사 등)도 잘하여 번 돈으로 당시의 기술과 자 본으로는 강남에서 제일 좋은 저택을 지은 것이 바로 이 집이다. 1872년부터 만 3년에 걸려 지었다. 건물 20여 채의 화려함 · 정원의 빼어나게 아름다움 · 최고수준의 민간 주거공간의 장려함 등으로 유명해졌다.

공간구성을 다시 살펴보면 중부(中部)는 교청(轎廳)과 정청(正廳,

249

杭州市元宝街 18 号
18 Yuanbao street,Hangzhou

호설암고거의 홍목청(紅木廳) : 호설암 고거의 서부 중앙정원에 있는 2층 건물인데 웅장·화려·섬세한 청말 강남건축양식을 잘 보여주고 있다. 이 곳에는 이런 건물이 많아 중국부잣집을 실감케 했다.

▲ 轿厅勉善成荣匾

교청(轎廳) **안의 모습** : 대문에서 안쪽으로 들어가면 작은 뜰이 있고 그 뜰 안쪽에 사인교(4人轎) 등 가마를 둔 교청(轎廳)이 있다. 약 20평 정도로 제법 넓다. 현판과 주련이 많이 걸려 있다.

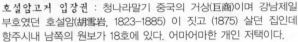

地址: 杭州市元宝街 18 号 票价: 20 元

호설암고거 입장권 : 청나라말기 중국의 거상(巨商)이며 강남제일
부호였던 호설암(胡雪岩, 1823-1885) 이 짓고 (1875) 살던 집인데
항주시내 남쪽의 원보가 18호에 있다. 어마어마한 개인 저택이다.

百獅樓라고도 함), 동부(東部)는 4면청 · 화락당(和樂堂) · 청아당(清
雅堂) · 원앙청 · 남목청(楠木廳) · 융동원(融冬院), 서부(西部)는 중
국원림의 정화(精華)를 모은 지원(芝園)으로 되어 있다. 芝園에 있는
건물은 연벽당 · 세추원 · 청우정 · 냉향원 · 사조각 등이고 가산(假
山) 곡지(曲池) 회랑(回廊)도 아름답다.

 이곳의 건물에 사용한 목재는 모두 비싸고 좋은 것(자단목 · 산지
목 · 남목 등)이고, 벽돌과 돌에 새긴 조각 역시 최고로 사치스럽고
기교를 다 부린 것이다. 내용은 전통희곡과 옛이야기에 나오는 인
물을 중심으로 한 것이다. 꽃길(花街)의 무늬 역시 새와 기하무늬 등
을 화려 · 섬세하게 장식하였다. 참으로 모든 것이 청말 강남 제일

부호의 대저택다웠다.

20세기중엽부터 주인을 잃고 황폐해지다가 문화대혁명기간 (1966-1976, 내란기간이라고도 한다)에는 더욱 황폐해졌던 것을 1999년 11월부터 항주시문물보호관리소에서 2년동안 대대적으로 수리하고서 2001년 1월부터 개방하였다.

다 보고 나오면서의 느낌은 세상의 불공평함(돈·권력·신분·교육·주거·재능 등 온갖 것에 대한)에 대한 서글픔이었다. 그러면서도 중국의 개혁·개방에 대한 감사함도 컸다. 자유롭게 다니고 볼 수 있으니까. ----.

맺음말

「허영환의 중국문화유산기행」(전 3권, 서문당, 2001)을 낸 후 제4권, 제 5권 등을 더 쓰고 싶어서 양주·소주·항주 등 예향삼주(藝鄉3州)를 다시 가보고 쓴 책이 이 책이다.

전 3권에 대한 반응도 좋고(잘 팔려서), 언론의 서평에서도 좋은 교양서(2001년 9월 한국간행물윤리위원회와 2001년 11월 문화관광부의 추천)라고 칭찬을 해줘서 이 제 4권을 열심히 더 재미있게 썼다. 대학교수생활 30년을 마감하면서 지금까지 쌓아 온 중국과 중국문화에 대한 지식을 일반독자를 위해 정성껏 정리한 셈이다.

국토가 넓고, 전통문화유산이 많고, 눈부시게 경제발전을 하고, 우리 한국과 더 가까워지고 있는 중국을 보다 더 잘 알고 이해하는 데 가장 좋은 길잡이가 될 것이다.